SEXO PARA ADULTOS

LAURA MULLER

SEXO PARA ADULTOS

Tudo o que você sempre quis saber, mas não tinha coragem de perguntar

LeYa

Este livro foi revisado segundo o Novo Acordo Ortográfico da Língua Portuguesa.

Preparação
Carolina Leocádio e Carolina Leal

Revisão
Nina Lopes

Capa e projeto gráfico
Rafael Nobre | Babilonia Cultura Editorial

Diagramação
Abreu's System

Foto de capa
Renato Parada

LICENCIAMENTO GLOBO

Dados Internacionais de Catalogação na Publicação (CIP)
Angélica Ilacqua CRB-8/7057

Muller, Laura
Sexo para adultos: tudo o que você sempre quis saber, mas não tinha coragem de perguntar / Laura Muller. – Rio de Janeiro: LeYa, 2016.
176 p.

ISBN 978-85-441-0443-9

1. Sexo 2. Educação sexual I. Título.

16-0727 CDD 613.9

Índices para catálogo sistemático:

1. Sexo

Todos os direitos reservados à
LEYA EDITORA LTDA.
Av. Angélica, 2318 – 12º andar
01228-200 – São Paulo – SP
www.leya.com.br

SUMÁRIO

SEXO

INTRODUÇÃO

é um assunto que desperta enorme interesse e curiosidade em homens e mulheres de idades variadas: jovens, adultos e idosos. Para os mais novos, há ações educativas nas escolas, em feiras de livros, em semanas da juventude e em diversos outros espaços. Estão longe de ser em quantidade suficiente para orientar toda essa parcela da população brasileira, mas já é excelente começo de conversa.

E para o mundo adulto? Onde é que essa turma esclarece suas dúvidas e suas curiosidades sexuais? Onde é que aprende a lidar com dilemas, dificuldades e possibilidades do universo erótico? Só a prática sexual adianta? E quando o adulto precisa educar os filhos ou os alunos? Onde é que se aprende a fazer isso em relação à sexualidade, já que o homem e a mulher adultos da atualidade não tiveram aulas de educação sexual na infância, pré-adolescência ou adolescência?

É difícil responder a essas questões. A boa notícia é que, como verifico nas minhas andanças com palestras pelo Brasil afora, há cada vez mais espaço para falarmos sobre sexualidade para o mundo adulto. Faço isso em empresas no período da SIPAT (Semana Interna de Prevenção a Acidentes de Trabalho), em bate-papos cujo tema central é a prevenção de doenças sexualmente transmissíveis e em espaços variados durante eventos relacionados a educação, saúde, bem-estar e qualidade de vida.

Também quando o foco é reunir uma plateia de mulheres. Ou de homens. Ou de pais e mães. Ou, mais recentemente, na esteira de movimentos como o Outubro Rosa e o Novembro Azul, que tratam sobre um tabu em torno da sexualidade: o cuidado com o corpo. Nesses casos, em relação ao câncer de mama e de próstata, respectivamente, e à necessidade de aderir aos exames para o diagnóstico precoce da doença. Ou ainda nas proximidades do Carnaval, do Dia Mundial de Luta Contra a Aids (1º de dezembro) e em ações específicas sobre sexualidade, prevenção de doenças e uso de camisinha.

Mas isso tudo se torna pouco diante da imensidão que é o tema sexo. Costumo sempre dizer que esse assunto é ainda um tabu na nossa cultura. E não só no Brasil: quando viajo a trabalho para feiras e congressos sobre sexualidade no exterior, verifico que vivemos um momento muito parecido com o de diversos países nos variados continentes. Ou seja, ainda é difícil falar sobre sexo em casa, na escola, na sociedade em geral e até mesmo entre o próprio casal.

É sabendo de todo esse interesse, e de toda a complexidade que o tema abarca, que lanço este livro para pessoas como você. Aqui vamos falar sobre as principais questões que angustiam e incomodam as mulheres e os homens adultos.

Nos capítulos a seguir, apresento um conjunto de informações colhidas em quase vinte anos de trabalho falando sobre sexo e sexualidade. Comecei essa jornada em 1997, como jornalista e editora de sexo da revista *Claudia*, da editora Abril. De lá para cá, lancei livros e escrevi para inúmeras revistas, bem como para jornais, sites e outras publicações. Além disso, me especializei em educação sexual e me formei psicóloga, para tratar em consultório as dificuldades sexuais de jovens, adultos e idosos, com atendimentos individuais ou a casais.

Em 2007, comecei a falar sobre sexo na TV, no programa *Altas Horas*, da Globo. E, durante todo o percurso, dei palestras. Muitas. Centenas delas. Nem sei mais quantas, pois faz tempo que já parei de contar.

Nesse contato todo com pessoas como você, emergiram as questões que trago aqui. Apresento para estas algumas possibilidades de resposta. Mas não almejo esgotar o assunto. É impossível fazer isso.

Desejo, sim, que este livro amplie o olhar de homens e mulheres e promova reflexões que possam render uma vida amorosa e sexual mais saudável, responsável e, especialmente, mais prazerosa.

Então, boa leitura!

O mundo erótico e as redes sociais

Nossa conversa começa com um assunto que causou (e ainda causa) uma reviravolta nos costumes amorosos e sexuais: as redes sociais. Vamos falar disso e de tudo o mais que a internet traz de interessante, arrebatador, complexo, delicado e polêmico nas possibilidades de relacionamento.

1. As redes sociais ajudam ou atrapalham os encontros amorosos e sexuais? Isso varia. Podem ajudar, mas também podem atrapalhar. Um exemplo de quando as redes sociais podem ajudar: quando facilitam a comunicação entre as pessoas e ampliam as possibilidades de conhecer gente nova, interessante e que combine com você. Um exemplo de quando atrapalham: a partir do momento em que entra em jogo a banalização do sexo, da nudez, das relações amorosas como um todo. Banalizar é tornar algo vulgar, comum. E sexo está longe de ser isso. Pelo contrário: é algo bastante especial, que merece um lugar e um olhar igualmente especiais na vida de cada pessoa.

2. Fazer sexo por mensagens de texto pode ser mesmo excitante? Claro que sim. Pode ser tão estimulante quanto trocar palavras eróticas por telefone ou ao vivo. O que difere é o jeito de se comunicar: aqui, no caso, por mensagens via celular. Só um detalhe: é importante avaliar bem como, quando e com quem trocar essas mensagens para não correr o risco, por exemplo, de se ver em situações desagradáveis de exposição desse conteúdo.

3. Quais são os riscos dessa nova modalidade de sexo? O maior deles talvez seja a exposição da qual começamos a falar na questão anterior. Não é nada bacana ver mensagens íntimas virem a público. O sexo pertence ao campo do privado, e não do público. Ou seja, há que se preservar a intimidade de cada pessoa e de cada casal. Uma forma de fazer isso é escolher bem com quem se render ao sexo via aplicativos, mensagens de texto, redes sociais etc.

4. Até que ponto devo usar os aplicativos de paquera? Até onde você se sentir confortável para isso. Uma boa noção de limites, que sempre falo nas minhas palestras para jovens, adultos e idosos, e também em ações educativas, é: a gente só deve seguir uma prática até onde ela não nos fere física e emocionalmente, nem fere a pessoa que está ao nosso lado. Avalie quais são os seus limites e respeite-os. E se isso implica deixar de usar tais aplicativos? Vale se respeitar, tenha essa certeza. Não é porque algo é novidade, ou porque está na moda, ou por outra justificativa qualquer, que você precise aderir a todo custo. Só devemos fazer o que de fato combina conosco. E o que estivermos realmente a fim de experimentar.

5. Não consigo usar os aplicativos de pegação porque acho ousados demais. Sou muito atrasada? Claro que não. Pensar que alguém é atrasado por conta disso é uma grande bobagem. Os aplicativos de paquera são apenas mais uma forma de aproximação amorosa e sexual. Mas não são a única, lembre-se disso. E o contato frente a frente, mesmo que pareça algo ultrapassado, continua sendo uma das principais formas de aproximação entre as pessoas.

6. Conheci um cara nas redes sociais e ele quer trocar fotos eróticas comigo. Será que devo? Você deve ter cuidado antes de se expor dessa forma. Pese prós e contras primeiro. Avalie se dá para confiar na pessoa e leve em conta também os danos que você pode sofrer caso tais imagens se espalhem pela rede. No auge da empolgação erótica, a gente não pensa mesmo nessas coisas. Mas vale a pena considerá-las. A decisão, de qualquer forma, deve ser sua. Afinal, a vida é sua, e é você quem precisa decidir até onde está disposta ou não a ir.

7. Eu tenho uma amiga que está numa situação delicada porque o ex-namorado postou nas redes sociais um vídeo dos dois fazendo sexo. Como lidar com isso? Isso é bem complicado e dolorido. Há quem recorra à orientação jurídica para tentar punir esse crime. Mas, de qualquer forma, o estrago maior já está feito, pois a exposição de cenas tão íntimas já ocorreu para o público da internet, que é gigantesco. E infinito. Ou seja, é uma questão muito delicada, que causa raiva, vergonha, constrangimento, angústias, mágoas e outros sentimentos incômodos. Como lidar? Será necessário encarar a situação de frente para virar a página. É importante não se sentir culpada nessa história toda. E talvez seja o caso de tentar se prevenir para que, no futuro, não volte a passar por uma situação como essa.

8. Outro dia enviei uma foto minha só de sutiã para ele. Fiz mal? Você é quem deve saber. Tudo bem para você que essa foto seja vista por ele e que exista o risco de outras pessoas verem também? Se sim, então não há mal algum. Se não, então talvez seja o caso de repensar essa prática para as próximas vezes.

9. Ele se masturba na internet. É traição? Essa é uma questão polêmica, que divide opiniões. Se ele se masturbar ao visitar sites com cenas eróticas e mulheres nuas, ou até mesmo ao ler frases picantes, a resposta é não, não é traição. Isso equivale a folhear uma revista pornô ou a assistir a um filme de sexo. Mas, se ele interagir com outra pessoa, num site de bate-papo erótico, por exemplo, há quem considere infidelidade. Isso porque se estabelece um vínculo entre ambos. Há ainda quem pense de maneira totalmente diferente do que estamos falando aqui. Ou seja, não há regra. Cabe a cada pessoa avaliar a situação e chegar às suas próprias conclusões sobre o que considera ou não traição.

10. Meu parceiro sugeriu que a gente criasse perfis falsos nas redes sociais e paquerasse outras pessoas para apimentar nossa relação. Será que devo? Ou isso aos poucos vai parecer traição? Toda vez que a pessoa se coloca em situações de flerte, a história pode evoluir e se tornar algo mais, não é mesmo? Vocês dois é que terão de descobrir até que ponto estão dispostos a encarar isso. Aliás, antes de tudo, cada um precisa avaliar consigo se topa mesmo agir dessa forma para apimentar a relação ou se isso vai extrapolar algum limite e, assim, virar algo mais difícil e incômodo do que estimulante e prazeroso. Essa, ou qualquer outra forma de incluir terceiros no relacionamento a dois, em geral envolve riscos de trazer ciúme e outras complicações para o relacionamento do casal. Mas também pode ser algo inofensivo: tudo vai depender de como vocês se sentem de fato em relação a essa prática e tudo o mais que ela possa acarretar, sejam coisas boas ou ruins.

O prazer e as dificuldades sexuais

O que interfere no prazer feminino e masculino? Para as mulheres, as principais dificuldades são em relação ao orgasmo. Já para os homens, têm a ver com a ejaculação e a ereção. Além disso, ambos enfrentam os altos e baixos do desejo sexual, entre outras questões. E é disso tudo que vamos conversar neste capítulo, com base em perguntas que recebo todos os dias nas palestras que dou e ações de que participo sobre educação sexual para homens e mulheres de variadas idades: adultos jovens, maduros e na terceira idade. Confira!

1. Não consigo ter orgasmo. Por quê? Preocupações das mais variadas podem causar a dificuldade de ter orgasmo, seja na mulher ou no homem. Ficar pensando, na hora do sexo, coisas do tipo "Será que eu vou conseguir?" ou "Por que é que eu não consigo logo?" atrapalha ainda mais a obtenção do prazer. Não se cobrar tanto e procurar conhecer o próprio corpo e seus mecanismos de prazer são dicas para aprender o caminho para o orgasmo. Repensar a visão que você tem sobre sexo e sexualidade também pode auxiliar nesse processo: será que você encara a prática como algo errado, sujo ou de outra forma negativa? Saiba que somos fruto de uma história da sexualidade que sempre foi muito repressora, o que pode deixar resquícios negativos na hora de sentir prazer sexual e atingir o orgasmo. Experiências sexuais traumáticas, como abusos, sexo à força, sem vontade ou quando a pessoa não se sente pronta para isso também podem impedir a chegada ao clímax. De qualquer modo, há tratamento: o especialista indicado para isso é o psicólogo.

2. Causas físicas podem atrapalhar? Talvez. Doenças sexualmente transmissíveis, por exemplo, que causam coceira, ardência e incômodo na região dos genitais, podem atrapalhar o prazer e a consequente obtenção do orgasmo, que é o ponto máximo de estimulação sexual. A dica é consultar um médico (ginecologista para as mulheres, urologista para os homens) a fim de tratar quaisquer doenças ou questões físicas que atrapalhem a sua saúde e o seu prazer. Excluídas as causas físicas, se a dificuldade de orgasmo persistir, então é sinal de que há algo emocional em jogo prejudicando o seu prazer. Isso vale tanto para o prazer feminino quanto para o masculino, e para ambos o especialista a se procurar é o psicólogo.

3. Como se faz para aprender a alcançar o clímax? Num primeiro momento, é importante investigar o que pode estar incomodando a ponto de afastar esse máximo de prazer. São questões físicas? São questões emocionais? São questões religiosas? São questões culturais? De aprendizado? Ou seja, investigue-se e procure ajuda se achar necessário. O médico ginecologista cuida das questões físicas nas mulheres, e o urologista, nos homens. O psicólogo pode ajudar a lidar com as emocionais – e também a refletir sobre outras questões. O próximo passo pode ser procurar conhecer mais o seu próprio corpo e os mecanismos de prazer. Aí a dica é a masturbação: os sexólogos são unânimes em afirmar que tocar o próprio corpo para sentir prazer pode ajudar a aprender o caminho para o orgasmo.

4. Tenho que ter orgasmos sempre? Claro que não. Obrigatoriedades desse tipo só fazem mal. Assim, a pessoa fica ansiosa, começa a se cobrar demais e corre o risco de se frustrar. Buscar o prazer não significa persegui-lo a todo custo. Ter calma e paciência consigo mesmo talvez seja o melhor caminho para ser mais feliz na cama.

5. Nunca tive orgasmo. O que há de errado comigo? Como falamos nas questões anteriores, não conseguir chegar ao orgasmo é um problema de fundo psicológico, na maioria das vezes. Essa dificuldade sexual, chamada de anorgasmia, pode ter uma infinidade de causas, relacionadas sobretudo a uma visão negativa do sexo e da sexualidade, além de cobranças que cada pessoa faz de si mesma, como medos, preocupações e pouco conhecimento dos próprios mecanismos de prazer. Para saber exatamente o que está ocorrendo com você, será preciso investigar com a ajuda de dois especialistas: o médico ginecologista ou urologista, para avaliar se há questões físicas atrapalhando o seu prazer, e o psicólogo, para lidar com as possíveis questões emocionais.

6. Outras mulheres também enfrentam dificuldade para atingir o clímax? Ter dificuldade para chegar lá é um problema que atinge uma parcela significativa das mulheres. A boa notícia é que há tratamento para todos os casos de dificuldades sexuais, sejam das mulheres ou dos homens. Basta buscar ajuda de especialistas, como foi dito nas questões anteriores.

7. Há algum remédio que me ajude a ter orgasmos? Não. Essa pílula milagrosa ainda não foi inventada. O caminho mesmo é aprender a se conhecer melhor, revendo suas dificuldades emocionais e descobrindo seus mecanismos de prazer.

8. Quanto tempo dura cada orgasmo? Varia de pessoa para pessoa, mas, em geral, dura de oito a dez segundos, tanto para os homens quanto para as mulheres.

9. Não sei se já tive algum orgasmo na vida. Como é a sensação? O orgasmo é marcado por instantes de um intenso prazer seguidos de uma sensação profunda de relaxamento.

10. Nunca chegar ao orgasmo faz algum mal para a saúde? Claro que não. Cada um vive o sexo à sua maneira. No entanto, há pessoas que, quando não chegam ao orgasmo, se queixam de sair da cama com uma sensação incômoda de irritação e insatisfação.

11. Senti algo bem leve outro dia. Posso ter chegado ao clímax? Pode, sim. Em alguns dias, os orgasmos são mais fortes. Em outros, mais fracos. O que determina essa intensidade muitas vezes é a excitação: quanto mais tempo a pessoa a mantém em um nível elevado, mais intenso será o clímax. Além disso, há a questão da parceria: em um relacionamento mais apaixonado e envolvente, os orgasmos costumam ser mais intensos.

12. Tive um orgasmo incrível outro dia. Como faço para ser assim toda vez? Não adianta querer que os orgasmos sejam sempre iguais. Isso é impossível. Nem se você tentar reproduzir exatamente tudo o que fez naquele dia do orgasmo incrível. Isso porque os fatores que influem no clímax sexual são variados. Entre eles, o seu estado emocional conta muito: às vezes, você está mais cansado, estressado ou mal-humorado e nem se deu conta disso. Nesse momento, por exemplo, seu orgasmo vai ser certamente diferente. Mas essa é a graça do sexo: a cada vez, uma surpresa. Não é mesmo?

13. Dá para saber quando a mulher está fingindo? É muito difícil perceber isso. O melhor é jogar limpo: o casal pode e deve conversar francamente sobre o prazer sexual para, caso encontre dificuldades, poder buscar ajuda se necessário e descobrir caminhos para virar o jogo a seu favor.

14. Eu finjo. E agora? Dizer a verdade é sempre melhor. Ao abrir o jogo, você pode e deve fazer de quem está ao seu lado um aliado, para que essa pessoa ajude você a chegar ao orgasmo.

15. Sinto um ressecamento vaginal e não consigo chegar ao orgasmo. Uma coisa tem a ver com a outra? Talvez sim. Ressecamento vaginal pode ser fruto de uma infecção ou de outro problema na região. Ou da queda do hormônio estrogênio, o que costuma ocorrer na menopausa ou após uma cirurgia de retirada dos ovários. Mas também pode significar que você não está se excitando o suficiente durante a relação. Sem se estimular o bastante, não há como ter orgasmo. O melhor é investigar isso tudo, começando pela visita ao ginecologista para descobrir e tratar as possíveis causas de sua falta de lubrificação.

16. Sinto vontade de fazer xixi durante a transa e isso atrapalha o meu orgasmo. Por que isso acontece comigo e o que devo fazer? A vontade de fazer xixi ocorre naturalmente quando a bexiga está cheia. A saída é simples: ir ao banheiro e esvaziá-la antes do sexo. Mas, se ocorrer de novo durante a transa, é só parar um minutinho para ir ao banheiro. Assim você pode continuar com mais tranquilidade a vivenciar a troca de carícias e o prazer.

17. Qual é a melhor posição para a mulher alcançar o clímax? Será aquela em que você se sentir mais confortável. Para a maioria das mulheres, orgasmo depende de estimulação contínua do clitóris. Então busque posições em que esse tipo de carícia ocorra com maior facilidade.

18. Ela não goza com a penetração. Por quê? Talvez porque o principal órgão de prazer feminino seja o clitóris: para a maioria das mulheres, são os toques diretamente nesse órgão (com o sexo oral ou a masturbação) que levam mais facilmente ao orgasmo. Para atingir o orgasmo com a penetração (vaginal ou anal), uma dica é manter as carícias no clitóris durante toda a transa. Ou movimentar os corpos de forma que o clitóris permaneça massageado ao longo da penetração.

19. Posso ter orgasmos múltiplos? Talvez. Nem todas as mulheres conseguem ter. Depende do organismo de cada uma e não de treino ou algo parecido. Cada pessoa nasce de um jeito: cerca de 10% das mulheres nascem com a característica de ter vários orgasmos seguidos, porém menos intensos, ao longo da relação. Esses são os orgasmos múltiplos. No entanto, a maioria (90%) nasce com a característica de atingir o clímax uma vez ao final da relação. Ela pode ter outros no mesmo dia, mas não serão sequenciais como os orgasmos múltiplos. Após esse grande orgasmo ao final da relação, seu corpo vai entrar em um estado de relaxamento que em geral dura meia hora para a mulher adulta ou um pouco menos para as adolescentes. Depois disso, ela pode voltar a sentir desejo e se estimular a fim de obter novos orgasmos.

20. Se eu quiser ter dois orgasmos numa mesma noite, o que preciso fazer? Se você não for uma mulher com a característica de ter orgasmos múltiplos, precisará de calma para conseguir o segundo da noite. Depois do primeiro, a excitação diminui. Isso significa que precisará de paciência redobrada. Busque os estímulos eróticos que lhe dão mais prazer, prenda-se mais tempo aos toques de que mais gosta. É improvável que você consiga logo na primeira tentativa. Tente de novo em outras oportunidades. Só não comece a cobrar demais de si mesma. Senão, o que tinha tudo para ser motivo de mais prazer pode se tornar um incômodo, um problema.

21. O orgasmo de uma mulher tem a ver com o homem que está com ela? Ou com uma parceira dela? Quem está com ela na cama influencia, é claro, independentemente de ser um homem ou uma mulher. Isso vai depender de como ela sente desejo sexual: se por homem, por mulher ou por ambos. Porém, o mais importante para chegar ao clímax é a própria mulher: a cabeça dela e o estado emocional, além do conhecimento do próprio corpo e dos seus jeitos de ter mais prazer.

22. Idade interfere? Não necessariamente. O que muitos sexólogos apontam é que a idade muda o jeito de sentir o orgasmo: na adolescência, costuma ser mais explosivo. Porém, menos satisfatório do que na fase adulta. Ao longo dos anos, o corpo aprende a lidar com o orgasmo para que seja mais agradável, mesmo sem você perceber. Outro ponto que pode se alterar é quanto cada pessoa fica à vontade com o próprio corpo, a fim de encontrar seu caminho para o clímax: há quem relate que esse conforto só vem com o tempo e a maturidade. Mas isso não é uma regra, e muitos jovens costumam aprender o caminho para o orgasmo desde o início das atividades sexuais.

23. Nos filmes, vejo mulheres gritando muito de tanto prazer. Eu não sinto isso. Sou normal? Claro que é.

O cinema não é exatamente igual à vida real. Filme é ficção, e lá os orgasmos enlouquecedores e bem coreografados muitas vezes valorizam a cena. Quer dizer, as atrizes capricham na encenação de um orgasmo. No dia a dia, na vida ao vivo, em geral não costuma ser assim.

24. Por que tenho orgasmos enquanto durmo, sem estimulação física? Você deve estar respondendo às fantasias sexuais por meio dos sonhos. Durante o sono, seu corpo descarrega a bateria. Pode ser que descarregue também uma energia sexual acumulada.

25. Qual a diferença entre orgasmo vaginal e clitoridiano? Não há. Na verdade, o orgasmo vaginal e o clitoridiano são uma coisa só, pois as contrações prazerosas do orgasmo percorrem toda a região genital: se iniciam lá dentro, no útero, passam pelo canal vaginal e terminam no clitóris.

26. Há diferença entre o orgasmo do homem e o da mulher? Acredita-se que não. Homens e mulheres podem ter a mesma intensidade de orgasmo, apesar de o clímax variar de acordo com a pessoa, sua estimulação sexual e seu momento de vida.

27. Por que é mais difícil para a mulher ter orgasmo do que para o homem? O homem, desde pequeno, aprende a ter um contato saudável com o pênis, seu principal órgão de prazer. É assim desde que o menino completa dois ou três anos de idade e tira as fraldas de vez: ele passa então a manusear seu pênis naturalmente, várias vezes ao dia, para fazer xixi. Já as meninas, muitas vezes, aprendem a tocar o menos possível a vagina. Ou até mesmo a fugir dela, em geral pelo medo de que qualquer coisa possa romper o hímen e, assim, fazer com que ela perca a virgindade. Nessa história feminina, há muita falta de informação. Na verdade, a mulher deve ter contato com a própria região vaginal, a fim de cuidar dela da melhor forma possível e de conhecer seu funcionamento. O resultado desses jeitos diferentes de homens e mulheres lidarem com os genitais pode ser uma maior dificuldade feminina de conhecer o próprio corpo, seus mecanismos de prazer e, consequentemente, a forma de chegar ao orgasmo.

28. Para ter orgasmos com a facilidade que os homens têm, falta às mulheres apenas conhecer melhor o próprio corpo? Não, esse é apenas um dos pontos a serem transformados. Há também a questão emocional, e talvez essa seja a mais importante. O ser humano é fruto de séculos de uma repressão sexual muito forte, especialmente em cima das mulheres. Digo sempre nas minhas palestras e ações pelo Brasil afora que, na época das nossas avós e bisavós, por exemplo, a mulher "direita" não podia sentir desejo e prazer, muito menos ter orgasmos. Somos fruto dessa cultura, e talvez esse pensamento equivocado ainda esteja presente de alguma forma na cabeça de uma parcela das mulheres. Hoje sabemos que não há nada de errado em ter uma vida sexual saudável e prazerosa, mas será preciso realmente dar novos e positivos significados ao sexo para se conseguir, de fato, sentir prazer na cama.

29. Dá para atingir o clímax ao mesmo tempo que o parceiro? Chegar ao orgasmo juntos é um dos mitos da nossa cultura. São poucas as vezes em que isso é possível. Cada pessoa tem um ritmo sexual. Ou seja, reage de uma forma às carícias e práticas sexuais. Querer acertar a sintonia não é fácil. Pior: pode causar uma preocupação nociva ao prazer e totalmente desnecessária. Vale mais a pena cada um respeitar seu ritmo e chegar ao clímax a seu tempo e a sua maneira.

30. O que é melhor: o homem ou a mulher chegar lá primeiro? Na verdade, a dica é a mulher chegar primeiro ao orgasmo. Por variadas razões: a primeira delas é que a mulher demora mais tempo para se estimular do que o homem. Concentrar as carícias inicialmente nela ajuda a acertar a sintonia do casal. Outro motivo: o homem, depois do orgasmo, entra quase de imediato na fase chamada de refratária, aquela em que seu corpo não vai mais responder aos estímulos eróticos e o pênis perderá naturalmente a ereção. Ou seja, caso o homem atinja logo o orgasmo, a mulher corre o risco de não conseguir mais ser estimulada o suficiente para também chegar lá. Entretanto, se a mulher atinge o orgasmo antes do parceiro, ela consegue continuar as carícias até chegar a vez de ele ter o clímax. E assim é bem maior a chance de o sexo ser prazeroso para os dois.

31. Demoro demais para chegar lá. Como acelerar? Não há muito o que fazer, pois o ritmo do seu corpo é esse. O que dá para tentar é buscar novos estímulos: um toque diferente, outras posições, locais novos para transar ou o que mais vier à imaginação. Isso pode fazer com que você se excite mais rapidamente. Aí o orgasmo pode vir também em menos tempo.

32. Ele não segura o orgasmo pelo tempo que eu gostaria. O que devo fazer? O que você precisa fazer é se estimular um pouco mais do que ele. Pode tentar se estimular sozinha ou com ele, dando prioridade às carícias no seu corpo no início da transa, para que você se aqueça um pouco mais do que o parceiro. Em geral, a masturbação ou o sexo oral costumam ser práticas bastante certeiras para estimular a mulher, pois massageiam diretamente o clitóris, que é o principal órgão de prazer feminino.

33. Ejaculação e orgasmo são a mesma coisa? Não. A ejaculação em geral acompanha o orgasmo masculino, por isso as pessoas acham que é a mesma coisa. Mas orgasmo é uma coisa, ejaculação é outra. O orgasmo é uma sensação de grande prazer seguida de um profundo relaxamento. A ejaculação masculina é a emissão do sêmen, provocada pelas contrações que o orgasmo traz para a região do pênis. E a ejaculação feminina costuma ser a liberação do líquido lubrificante que algumas mulheres produzem em maior quantidade e que pode ser expelido com as contrações prazerosas que o orgasmo provoca na região da vagina.

34. Afinal, mulher ejacula ou não? O que ocorre é o seguinte: quando a mulher entra no período de excitação, o corpo produz um líquido vaginal lubrificante. Em algumas mulheres, esse líquido é produzido em grande quantidade. Como durante o orgasmo há uma série de contrações da musculatura que cerca a vagina, esse lubrificante acaba sendo expelido por algumas mulheres na hora do clímax. E isso tem sido chamado de ejaculação feminina.

35. Naqueles filmes eróticos que mostram mulheres lançando jatos na hora do orgasmo, isso é ou não

ejaculação feminina? Isso tem sido chamado de ejaculação feminina, sim. Há mulheres que relatam que seu corpo libera pequenos jatos de líquido durante o orgasmo. Mas isso não é regra. Nem vale a pena ficar se preocupando em ter esse tipo de reação durante o orgasmo feminino: vale lembrar que o clímax da maioria das mulheres costuma ser marcado apenas por uma sensação de intenso prazer, seguida de um profundo relaxamento. Ou seja, não há necessidade alguma de liberar um líquido para a mulher ter orgasmo. Ela pode ter esse clímax e não soltar líquido algum. Isso é natural e o mais comum de ocorrer com a maioria das mulheres.

36. A secreção que sai da vagina é considerada orgasmo? Como falamos nas questões anteriores, o que caracteriza o orgasmo é a sensação prazerosa, acompanhada de contrações musculares, principalmente em torno da vagina. A saída desse líquido lubrificante não é o orgasmo em si.

37. O que é essa ejaculação que às vezes ocorre durante o sono? É chamada de polução noturna e costuma ocorrer na fase da puberdade como sinal de que os genitais do menino amadureceram e já estão produzindo espermatozoides. Mas o homem adulto também pode apresentar esse tipo de ejaculação, e aí talvez tenha a ver com o que falamos numa das questões anteriores sobre desejo acumulado: pode ser que, durante a noite de sono, o corpo se incumba de descarregar essa energia sexual, talvez estimulado por sonhos eróticos.

38. Ele ejacula rápido demais. Por quê? Ejacular rapidamente pode ter a ver com a ansiedade do homem. Se essa ejaculação ocorrer sem que ele esteja buscando o orgasmo nem sinta prazer, pode ser o caso da dificuldade sexual chamada de ejaculação precoce. Mas pode ser também que a rapidez não seja dificuldade sexual alguma: apenas o tempo natural até o homem chegar ao orgasmo, que costuma ser bem menor do que o tempo necessário para a mulher atingir o clímax. Qual será o caso de vocês? Para investigar ao certo (e tratar, se necessário), talvez uma visita ao psicólogo possa ajudar. Vocês podem se consultar como casal ou individualmente: fica a critério de vocês.

39. Eu tenho ejaculação precoce. Qual será o motivo? As causas da ejaculação precoce são basicamente emocionais. Na maioria dos casos, estão relacionadas à ansiedade e ao medo de não conseguir manter a ereção durante toda a transa. Inconscientemente ou não, o homem procura ejacular rápido, antes que essa possível falha ocorra. Mas tem tratamento: o especialista a procurar é o psicólogo.

40. Tem alguma técnica ou exercício para curar a ejaculação precoce? O homem pode tentar aprender a conhecer melhor o seu corpo e a controlar o orgasmo e a ejaculação durante a masturbação. Uma dica é, durante a masturbação, tentar perceber o momento em que está perto do orgasmo e da ejaculação e interromper um pouco a estimulação para tentar adiar essa chegada do clímax. De qualquer forma, vale lembrar: a dificuldade de controlar a ejaculação, chamada de ejaculação precoce, tem a ver com ansiedade em excesso, e o tratamento é feito com a ajuda de um psicólogo.

41. Há remédios que funcionem? Alguns remédios ajudam a controlar a ansiedade em geral, mas na maioria dos casos apenas isso não basta. É preciso mesmo procurar um psicólogo para investigar as causas da alta ansiedade na hora do sexo e aprender como lidar melhor com a situação para conseguir controlar a rapidez da ejaculação.

42. Vez ou outra, ejaculo antes de satisfazer minha parceira. Estou com um problema sério? Se esse quadro é ocasional, não há por que se preocupar. A maioria dos homens pode ter a ejaculação precipitada em uma situação de grande tensão erótica. No entanto, se isso está ocorrendo com muita frequência, pode ser sinal de uma dificuldade que requer mais atenção e tratamento. Aí a dica é procurar o psicólogo o quanto antes para investigar as causas emocionais em jogo e tratá-las.

43. Como saber se tenho ejaculação precoce ou se é ela que demora? Vai depender do prazer do homem: se a ejaculação acontece em instantes, sem que ele sequer tenha sentido prazer, aí talvez seja o caso de ejaculação precoce. Mas se a ejaculação ocorre porque o casal está se estimulando e o homem chega num ponto máximo de prazer, em que não consegue mais segurar o orgasmo, aí talvez seja apenas o jeito de o corpo masculino funcionar na cama. Em geral, o homem chega mais rapidamente ao orgasmo (que é seguido da ejaculação) do que a mulher.

44. O sexo com minha namorada é rápido demais. Com outras mulheres, sempre foi normal. Tenho ou não ejaculação precoce? Se o sexo com sua namorada faz com que você fique muito mais ansioso, é possível, sim, que a ejaculação precoce ocorra apenas com ela. Mas calma que tem solução: procure um psicólogo para virar o jogo. Ou tente se investigar sozinho e descobrir os motivos dessa ansiedade elevada. Aprender a ficar mais calmo na hora do sexo é o primeiro passo para lidar bem com o controle da ejaculação.

45. Dá para ejacular duas vezes seguidas ou isso é lenda? Essa possibilidade existe, sim. Em situações de grande interesse erótico, quando o nível de desejo é muito alto, podem ocorrer duas ejaculações seguidas, num prazo muito curto. Mas isso é bem raro de ocorrer.

46. Sai do meu pênis uma quantidade bem pequena de um líquido que parece esperma. É ejaculação precoce? De jeito nenhum. Na fase de excitação, é natural que uma pequena quantidade de líquido lubrificante, como uma gota, seja expelida pelo pênis antes da ejaculação. Essa gota serve para limpar o canal por onde o sêmen será lançado durante a ejaculação. Alerta: já pode conter espermatozoides e engravidar a parceira.

47. É possível ter orgasmo sem ejacular? Isso não é comum de ocorrer, mas é possível. Se esse fato acontecer ocasionalmente, não é sinal de nenhuma alteração no seu organismo. Se for frequente, pode se tratar de ejaculação retrógrada: em vez de o esperma ser expelido, vai para a bexiga. Em geral isso ocorre após uma cirurgia mais radical de próstata. Mas não afeta o prazer nem faz mal à saúde. Além disso, algumas culturas orientais apostam na retenção do sêmen como forma de viver o prazer sexual de forma mais plena e sugerem que o homem procure chegar ao orgasmo sem ejacular. Isso é muito difícil de conseguir. E vale lembrar: faz parte de outra cultura.

48. Demoro muito para ejacular: cerca de uma hora. Não gosto disso. Por que acontece comigo? O mais comum é que isso tenha fundo psicológico: cobranças internas, medos, preocupações e pensamentos que afastem o seu prazer podem estar em jogo na hora do sexo. Uma visita ao psicólogo pode ajudar a investigar as causas e a lidar melhor com essa questão.

49. Qual é a quantidade normal de esperma por ejaculação? Em geral, o homem ejacula o equivalente a uma colher de chá de esperma. Essa quantidade vai diminuindo ao longo do dia se o homem tiver várias ejaculações seguidas, podendo até mesmo em algum momento chegar ao orgasmo sem que saia ejaculação alguma. Isso é natural. No dia seguinte, o estoque do esperma se refaz e o corpo volta a ejacular naturalmente na hora do orgasmo.

50. O líquido da ejaculação é composto pelo quê? Só pelos espermatozoides? Não. Os espermatozoides correspondem a apenas 1% das substâncias contidas nesse líquido, ou menos do que isso. O restante é composto basicamente de secreções da próstata e das vesículas seminais.

51. Há como aumentar o volume da ejaculação? Não. Às vezes, se o homem passa um período prolongado sem ejacular, pode ser que a primeira ejaculação venha em quantidade maior. Mas isso ocorre apenas de vez em quando.

52. Senti uma dor muito forte quando ejaculei e, logo depois, notei um pequeno sangramento. O que é isso? Pode ser um problema inflamatório de fácil tratamento ou indício de uma infecção mais grave. Como já falamos em questões anteriores, sempre que notar algo estranho na região do pênis, como esse sangramento, vale procurar um médico urologista.

53. Beber antes do sexo retarda a ejaculação? Essa escolha pode ser complicada. Vamos lá: beber uma dose ou outra pode ajudar a relaxar e a sentir mais prazer. Mas exagerar na dose só atrapalha: além de fazer mal ao organismo como um todo, pode dificultar a estimulação do corpo masculino e impedir que o homem consiga ter ereção. Ou seja, é aconselhável tomar cuidado com essa história de bebida e sexo.

54. E, para a mulher, bebida ajuda ou atrapalha o prazer? Vale o mesmo que falamos na questão anterior: uma dose ou outra pode até ajudar a relaxar. Mas o excesso de bebida, em geral, atrapalha a saúde do corpo feminino e também o prazer sexual. Se a mulher exagerar na dose, pode ser que isso altere seus sentidos e ela tenha dificuldade para se estimular, assim como ocorre com o homem. Consequentemente será mais difícil, ou impossível, ela chegar ao orgasmo.

55. E usar drogas antes do sexo, isso estimula o casal a transar? Não. Há pessoas que precisam de artifícios para se desinibir e muitas vezes escolhem um caminho complicado, como o uso de drogas. Isso não é positivo para a vida da pessoa de forma alguma, muito menos para o prazer erótico. Pelo contrário. Pode gerar um problema maior: a incapacidade de iniciar uma transa se não for dessa maneira.

56. O que exatamente as drogas fazem para o sexo? As drogas que costumam relaxar e amortecer o corpo agem de forma muito similar ao uso excessivo de álcool: podem fazer com que o homem e a mulher tenham dificuldade para se estimular sexualmente, pois seus sentidos (que captam os estímulos eróticos) estão um pouco anestesiados. Isso pode gerar dificuldade de ereção no homem e de orgasmo na mulher. Já as drogas que aceleram o corpo podem elevar a ansiedade e provocar dificuldades como a ejaculação rápida ou precoce no homem e também a dificuldade de a mulher se estimular adequadamente.

57. Não consigo ter ereção. É algum problema emocional? Pode ser. Em geral, a grande vilã da ereção é a ansiedade em relação ao desempenho: o homem fica inseguro e tem medo de falhar. Aí falha mesmo. Na próxima transa, ao medo de não ter ereção pode se aliar outro temor: "Será que eu vou conseguir mantê-la?" Isso pode levar a um novo fracasso. Mais uma preocupação que atrapalha: "Será que ela vai gostar da transa?" Todas essas cobranças internas e preocupações geram um estado de tensão que pode ser fatal à ereção.

58. Por que a ansiedade atrapalha tanto? A ansiedade elevada age no mecanismo físico que desencadeia a ereção. Quando o homem fica muito ansioso, ocorre uma grande descarga de adrenalina no corpo. Isso dilata os vasos sanguíneos do pênis, e o órgão não consegue reter uma quantidade suficiente de sangue, o que seria necessário para promover a ereção. O resultado: o pênis fica flácido.

59. Há causas físicas para a dificuldade de ter ereção? Existem, sim. Embora as principais causas sejam psicológicas, cerca de 30% dos casos de dificuldade de conseguir a ereção têm motivos orgânicos. Os principais são: problemas cardíacos e hepáticos, desequilíbrios hormonais e doenças como diabetes e hipertensão. Problemas neurológicos que prejudicam a parte inferior da coluna também podem atrapalhar a ereção. Na região pélvica, a doença que deixa o pênis com uma curvatura acentuada (doença de Peyronie) ou outros problemas que exijam intervenção cirúrgica também podem causar dificuldade de ereção. Há ainda outras questões, como o abuso de álcool e de drogas, que podem atrapalhar a capacidade de ter ereção. Tudo isso tem tratamento. A primeira coisa a fazer é procurar um urologista.

60. Remédio para ereção resolve o problema? Pode ser que sim, desde que a dificuldade de ereção tenha causas físicas. Os medicamentos agem facilitando a entrada e a retenção de sangue no pênis. E só funcionam se o homem tiver desejo sexual. Outro detalhe importante: devem ser usados sob orientação do urologista.

61. No caso de um amigo meu, o remédio para ereção não resolveu. Por que isso acontece? Para uma parcela dos homens, esse tipo de medicação não surte mesmo o resultado esperado, segundo os estudos médicos. Há também a questão emocional: se a dificuldade do homem for dessa esfera, o tratamento mais adequado é com o psicólogo, e não necessariamente com a medicação. Os remédios pró-ereção são indicados para tratar possíveis dificuldades orgânicas (e não psicológicas) no mecanismo da ereção.

62. Esses remédios para ereção podem ter efeitos colaterais? Segundo os médicos, há, sim, a possibilidade de surtir efeitos como dor de cabeça, diarreia, congestão nasal e ocular, entre outros. Por isso é importante usá-los sob acompanhamento do urologista: assim o homem pode informar os efeitos colaterais e verificar o que é melhor fazer para lidar com isso.

63. Como agem esses medicamentos no corpo dos homens? Em geral, as drogas pró-ereção agem bloqueando a ação da adrenalina, substância que provoca a flacidez do pênis, ou facilitando a condução dos estímulos sexuais até o pênis. Vale lembrar: é importante procurar um urologista para que ele avalie o seu caso e indique a medicação adequada.

64. Remédios para ereção ajudam a melhorar o desejo para uma segunda vez? Medicamentos desse tipo costumam agir apenas facilitando a ereção, e não aumentando o desejo sexual. Se você tiver desejo para uma segunda vez, pode ser que o medicamento ajude. Se não tiver, o remédio não vai adiantar.

65. Causam vício? Os medicamentos para favorecer a ereção não viciam como outras drogas, pois não agem no cérebro. Ou seja, não ocorre um vício químico. O que pode acontecer é um vício emocional: o homem pode passar a acreditar que só consegue ter ereção se usar o medicamento e que, sem ele, a transa não será boa. Assim, sua autoconfiança fica abalada e a dificuldade de ereção pode ocorrer por conta disso. A insegurança pode levar a medos dos mais variados e a um aumento de ansiedade, que desencadeia a descarga de adrenalina mencionada em questões anteriores e faz com que o pênis fique, de fato, flácido.

66. Aqueles anéis vendidos em sex shops para prolongar a ereção ajudam mesmo? Esses anéis são feitos para impedir que o sangue saia do pênis, evitando, assim, a flacidez do órgão. Esses artefatos, no entanto, não são muito recomendados pelos médicos, exceto em situações bem especiais e por tempo reduzido. Isso porque o uso prolongado desses anéis pode prejudicar o sistema vascular do pênis e, com isso, interferir de forma intensa e negativa no mecanismo da ereção.

67. Perco a ereção quando coloco a camisinha. Tenho algum problema? Se isso ocorre com frequência, talvez seja o caso de treinar vestir a camisinha quando estiver sozinho, durante a masturbação. Assim, você aprende a ficar mais tranquilo e menos ansioso com a colocação do preservativo, o que vai favorecer a sua ereção e o seu prazer na hora em que estiver a dois.

68. Meu pênis não tem ereção para a segunda transa. Sou impotente? De jeito nenhum! Você teria uma dificuldade de ereção caso não conseguisse manter o pênis ereto nem para a primeira relação. O que ocorre com você é absolutamente natural: após o orgasmo, o corpo masculino entra numa fase de profundo relaxamento, chamada de período refratário. Nesse momento, não responde a estímulos eróticos. Ou seja, não tem ereção. O tempo de duração dessa fase varia para cada homem e também de acordo com a idade. Em jovens, a fase refratária costuma ser de dez a quinze minutos. Para os homens adultos, leva cerca de meia hora a uma hora, ou um pouco mais. Em idosos, esse tempo é maior. Essa alteração de tempo de duração do período refratário é natural: faz parte do processo de desenvolvimento do corpo masculino.

69. Eu só conseguia ter ereção com a minha ex-namorada. Por quê? Talvez você tenha se acostumado com sua ex-namorada: na hora da transa com ela, ficava calmo e relaxado, o que permitia que sua ereção viesse naturalmente. Com as novas parceiras, pode ser que se sinta angustiado e preocupado com o seu desempenho, o que gera aquela ansiedade da qual já falamos em questões anteriores e que é fatal à ereção. Uma saída pode ser buscar a ajuda de um psicólogo para descobrir como ficar menos ansioso e lidar melhor com a questão.

70. Um homem impotente, mesmo não tendo ereção, consegue sentir prazer? O prazer pode ser obtido de várias formas. Homens com dificuldade de ereção, sobretudo as causadas por complicações físicas, podem ter desejo, se estimular sexualmente e atingir, sim, o orgasmo.

71. Perdi o desejo de uma hora para outra. Qual o motivo? As causas mais frequentes são psicológicas, como estresse, ansiedade, insegurança quanto ao desempenho sexual (medo de não atingir o orgasmo ou frustração por nunca chegar lá) ou a influência de problemas e preocupações que ocorrem fora da cama. Depressão, baixa autoestima e situações de perda (de emprego, de alguém querido, entre outros) também podem provocar queda no desejo. Ou situações que roubam toda a atenção da pessoa: como se dedicar a um projeto novo e envolvente no trabalho, uma mudança de casa, um período de avaliações importantes, entre outras coisas. A falta de sintonia sexual entre o casal é outro inibidor de desejo. Ocorre assim: um quer e insiste, o outro não quer naquela hora e se irrita; com isso, o sexo vai perdendo a qualidade e desestimulando os parceiros para as próximas relações. Fora da cama, desentendimentos amorosos ou falta de tempo para namorar e se divertir juntos também pode comprometer o desejo de estar a dois e de fazer sexo.

72. Pode ser um problema físico? É possível, sim, que algum fator orgânico provoque a queda do desejo, como um distúrbio hormonal. Outro fator que atrapalha é a ocorrência de uma doença sexualmente transmissível: isso pode provocar ardência, coceira e outros desconfortos na hora da transa, o que, em consequência, pode inibir o desejo.

73. Tenho preguiça de começar. Por quê? Isso é muito comum em gente que vai para a cama na hora em que está morrendo de sono. Algumas mudanças de hábito podem ajudar, como tentar ir para a cama mais cedo. Parece simples demais? Mas é mesmo. Sentir desejo tem a ver com o fato de se preparar para o sexo, e não deixá-lo como última opção.

74. Qual seria uma frequência sexual ideal? Não há regra. Depende de cada pessoa, de cada casal. O importante é saber se a frequência é adequada para ambos, ou seja, se cada pessoa está satisfeita com ela. Mais do que isso: a atenção deve ser voltada para a qualidade da transa e não para quantas vezes ela ocorre.

75. Só tenho desejo no primeiro mês de namoro. Depois passa. Por quê? Tudo o que é novidade atiça mais o desejo. Depois, entra na normalidade. Porém, isso não precisa significar rotina: você pode inovar constantemente, buscando novos jogos eróticos com o seu parceiro. Desejo tem de ser cultivado, sempre. Usar a criatividade pode ser uma boa maneira de fazer isso.

76. Minha vida é corrida e fico cansada demais para o sexo. O que eu faço? Excesso de trabalho e de compromissos pode ser fatal ao interesse sexual. Mas, se o prazer sexual é importante para a sua vida, vale tentar abrir espaço para relaxar e poder se divertir. Escolher programas descontraídos para fazer a dois pode ajudar a criar um clima propício para se predispor ao sexo.

77. Começar a fazer sexo, mesmo sem estar com vontade, pode ajudar a ter desejo? Não necessariamente. Em alguns casos, pode ser que a pessoa entre no clima aos poucos e se divirta. Mas, em outros, pode não ser nada bacana: a pessoa faz sexo sem muita vontade e se frustra, pois a relação acaba não sendo prazerosa. Isso diminui ainda mais o desejo para uma próxima vez.

78. Falta de desejo tem tratamento? Claro que sim! Aliás, há tratamento para todas as dificuldades na cama. Nesse caso será importante investigar o que tem afastado o seu desejo e desde quando isso vem ocorrendo, entre outras questões. Vale procurar dois especialistas: psicólogo para verificar as questões emocionais e médico ginecologista ou urologista para as questões físicas de mulheres e homens, respectivamente.

79. Existe remédio para aumentar o desejo? Infelizmente não há. A maior parte dos casos de falta de desejo é de fundo psicológico e não existe remédio milagroso para esse tipo de dificuldade.

80. Reposição hormonal ajuda ou não a manter o desejo sexual? Depende. Se você realmente tem um desequilíbrio hormonal, como na menopausa, talvez sim. Mas se os níveis hormonais estão normais, então não há o que repor. Em qualquer que seja o caso, o especialista que avalia essas possibilidades é o ginecologista. Vale procurá-lo.

81. Acho que os antidepressivos atrapalham o meu desejo. Mito ou verdade? Algumas pessoas apresentam realmente baixa de desejo com o uso de alguns medicamentos antidepressivos. Mas isso não é regra. Porém, se você sofre de uma dificuldade emocional que requer o uso de antidepressivo, suspendê-lo pode não ser a melhor solução. Talvez o melhor seja substituir o medicamento por um similar, mas que talvez reaja de outra maneira no seu organismo. Quem definirá isso ao certo é o psiquiatra que lhe prescreveu a medicação. Retorne para a consulta e veja com ele qual é o melhor caminho a seguir.

82. A testosterona influencia de alguma forma no desejo do homem? A queda dos níveis do hormônio testosterona pode interferir, sim, no desejo sexual masculino. Nesse caso, vale procurar um urologista para ver com ele as formas de recuperar esses níveis hormonais.

83. Qual é a melhor hora do dia para o corpo ter desejo? Isso varia de pessoa para pessoa. Na maioria das vezes, depende da agenda: se você tem mais tempo livre à noite, por exemplo, essa será a melhor hora do dia para despertar o desejo, pois poderá se dedicar com mais calma aos jogos eróticos. Se quiser pensar em termos hormonais, o momento que o organismo está mais predisposto ao sexo varia entre homens e mulheres. No corpo do homem, os hormônios têm uma alta no período da manhã. Na mulher, no começo da noite. Seriam esses os momentos de maior predisposição ao desejo sexual. Você até pode tirar proveito desse relógio biológico, mas não deve se prender a ele. Desejo vem mesmo quando há clima, como uma situação erótica ou um momento de relaxamento e de proximidade entre o casal. Sem isso, não há hormônio que ajude.

84. É verdade que atividade física aumenta a disposição para o sexo? Sim. Os exercícios físicos favorecem a liberação no organismo de substâncias químicas cerebrais que aumentam a sensação de bem-estar, como a serotonina. Isso pode estimular o desejo. E tanto faz caminhar, correr, nadar ou qualquer outra atividade. O importante é se exercitar.

85. Alimentos afrodisíacos fazem efeito ou isso é lenda? Alguns alimentos têm substâncias que aquecem o corpo, como o amendoim e a pimenta, ou trazem sensação de bem-estar, como o chocolate. Ou estimulam o corpo no geral, como o café. Tudo isso pode ser considerado, de certa forma, afrodisíaco. Mas, na verdade, o fator psicológico é o que mais conta: se a pessoa acredita que aquele alimento vai funcionar como afrodisíaco, então funciona.

86. Mulher menstruada tem mais desejo? Varia de mulher para mulher. Algumas têm mais desejo antes da menstruação, outras sentem durante, ou depois. Há ainda quem não sinta nenhuma alteração. Ou seja, não há um padrão. Os hormônios podem influir nessas mudanças de desejo. No entanto, é o lado emocional que mais determina as coisas: há mulheres, por exemplo, que se sentem extremamente femininas quando ficam menstruadas e isso, por si só, é suficiente para estimular o apetite sexual.

87. Se eu tomar remédio para parar de menstruar, isso afetará negativamente o meu desejo? Não dá para prever. Certamente vai provocar uma alteração hormonal no seu organismo e o desejo pode se modificar. Mas não dá para saber de antemão o que vai ocorrer exatamente com ele.

88. Tomo pílula e meu desejo diminuiu. Isso pode mesmo atrapalhar? Cerca de 20% das mulheres se queixam de apresentar queda no desejo com o uso de pílulas anticoncepcionais. Isso depende da alteração hormonal que o medicamento provoca. Porém, em outras mulheres o desejo até aumenta: elas se sentem tão seguras sem o risco de engravidar, que cresce a vontade de fazer sexo.

89. Chega uma hora em que o sexo vira rotina para quem está junto há muito tempo. E aí, a gente faz o quê? Dá para quebrar essa rotina tentando lembrar como vocês se relacionavam no início, quando o interesse sexual era mais intenso. Resgatar algumas práticas daquela fase pode ser o suficiente para sair da mesmice. O prazer sexual precisa ser cultivado sempre. Senão, diminui mesmo.

90. Desejo acaba com a idade? De jeito nenhum. O que ocorre é que algumas pessoas param de valorizar o sexo com o passar do tempo. Aí o desejo vai embora. Outros fatores que atrapalham: quando a pessoa se sente "velha demais para o sexo", ou se acha pouco apta e pouco atraente para exercer a sexualidade. Isso tudo é bobagem. É possível viver o prazer ao longo de toda a vida, fazendo ajustes a cada nova fase.

91. Quando recuso sexo, ele se irrita. Devo ceder ou não? Se você não quer mesmo, talvez não valha a pena ceder só para agradar o parceiro. Sexo é para ser prazeroso para ambos, e não apenas para um de vocês.

92. Nosso desejo não combina: por mim, transaria todo dia. Por ela, só no fim de semana. Quem está errado? Ninguém. Cada pessoa tem um ritmo. Não há nada de errado com vocês. Para melhorar a sintonia, talvez seja o caso de sentarem para uma conversa sobre sexo e prazer. Mas sem cobranças: o objetivo é tentarem descobrir formas prazerosas de se encaixar melhor na rotina erótica.

93. Só consigo transar no máximo três vezes por semana. Preciso de tratamento? Claro que não. Se você transasse menos do que isso, também seria natural. Cada um deve escolher o próprio ritmo sexual. A mania de querer entrar num padrão ou se comparar com outras pessoas é altamente negativa: isso gera ansiedade e cobranças desnecessárias, que não combinam em nada com o prazer.

94. Homem tem mais desejo do que mulher? Isso é um mito. Não há nada no organismo masculino que justifique um desejo maior do que o da mulher. Porém muitas vezes a mulher cresce ouvindo frases do tipo "homem precisa de sexo; mulher, não" e pode acabar acreditando nessa história. E o desejo? Vai embora, é claro.

95. Existe algum medicamento para aumentar o desejo feminino? Não há. Nem para o masculino. O segredo é apostar na conquista e na sedução: abrir espaço para namorar e se divertir juntos pode ser um dos primeiros passos.

96. O que acende mais o desejo do homem? Depende do homem. Porém, a maioria gosta mesmo é do estímulo visual: observar uma cena erótica, ver a parceira nua, entre outros.

97. O que estimula mais a vontade da mulher? O clima de sedução e a imaginação erótica. Mas tanto o corpo do homem quanto o da mulher podem ser estimulados por todos os órgãos dos sentidos: tato, olfato, visão, audição e paladar.

98. Por que literatura erótica desperta muito as mulheres, e não funciona tanto assim com os homens? Justamente pelo jeito de cada um na cama: a literatura erótica está para as mulheres assim como o vídeo erótico está para os homens. Isso porque, conforme falamos nas questões anteriores, as mulheres se despertam para o sexo principalmente com a imaginação erótica, o que pode ser altamente estimulado com esse gênero literário. Já os homens são mais visuais, e os vídeos de sexo caem sob medida para estimular seu desejo e prazer.

99. Meu filho dormiu no nosso quarto por algumas semanas. Agora ele voltou para o dele, mas a gente perdeu o pique e não consegue mais recuperar a frequência sexual. Por quê? Talvez vocês tenham se acostumado a ficar mais tempo sem sexo. Ou talvez existam outras questões para a diminuição do desejo: as mais comuns são cansaço, estresse, ansiedade, excesso de problemas, desentendimentos, mágoas e preocupações, entre outras. Há ainda fatores físicos que podem atrapalhar o desejo sexual, como um desequilíbrio hormonal, o que pode ser investigado com a visita ao médico ginecologista (para a mulher) ou urologista (para o homem). Investiguem as causas. Elas são as pistas do que é preciso fazer para resgatar o desejo perdido.

100. Ele não me beija na boca na hora da transa. É sinal de que perdeu o interesse por mim? Falta de beijo na boca pode ser sinal de uma série de coisas, entre elas de que o vínculo afetivo entre vocês está prejudicado de alguma forma. Ou seja, nem sempre a questão é exclusivamente relacionada à cama. Pode ser que vocês precisem se aproximar mais fora dela também. Será?

101. Tenho de me concentrar para transar, senão meu pensamento voa e não sinto prazer. Como

relaxar mais? Procure prestar atenção no ato em si: nas sensações que desperta, na intensidade dos toques e no que está rolando no momento. Toda vez que o pensamento começar a voar, concentre-se nas sensações corporais e no clima erótico que vocês estão vivenciando. Essa pode ser uma boa maneira de voltar a atenção para a transa e, assim, sentir mais prazer.

102. Ele e eu pensamos em pessoas famosas enquanto transamos. Tudo bem? As fantasias que vocês usam para se estimular sexualmente podem fazer parte da vida erótica de vocês sem o menor problema. Cada casal é que decide como gosta de se estimular. O limite deve ser o seguinte: na cama só se deve ir até onde aquela prática não fere você física nem emocionalmente. Nem fere a pessoa que está ao lado. Seguindo essa noção de limites, está tudo certo.

103. Gosto dela, mas tenho fantasias com outras. Isso é errado? No campo das fantasias, tudo é possível e estimulante. Colocá-las em prática é outra história. Aí você vai precisar pesar bem os prós e contras.

104. Sinto mais prazer ao pensar em outro quando estou na cama com meu parceiro. É errado? Só é problema se isso lhe causa, por exemplo, culpa, um sentimento que não combina com sexo. Vale saber: dar asas à imaginação não significa necessariamente que você esteja traindo alguém, nem fazendo algo errado.

105. Não consigo transar de luz acesa. Por quê? As preferências pessoais variam. Algumas pessoas gostam de luzes apagadas para que possam fantasiar mais durante a transa. Outras, pelos mais variados motivos: vergonha do corpo pode ser um deles. Se este é o seu caso, saiba que o mais importante para o prazer a dois é a sintonia do casal, além do jeito de proporcionar e de receber prazer. Então, se para você é mais prazeroso manter as luzes apagadas, que mal há nisso? Aposte nas suas preferências. Assim, seu prazer certamente será mais intenso.

106. Penso em sexo o dia todo. Sou viciada? Não necessariamente. O vício por sexo é como a compulsão por outra coisa qualquer (álcool, drogas, jogo, compras etc.): a pessoa repete a prática com frequência, mas isso nunca a satisfaz. Pelo contrário, tortura, incomoda e gera sofrimento. Existe tratamento. Em geral, é feito com uma equipe multidisciplinar que envolve psicólogo, para lidar com as questões emocionais, e médico psiquiatra, para prescrever a medicação específica, se necessário, e tratar o problema.

107. Como mostrar a ele o que eu mais gosto? Da forma como você se sentir mais confortável. Pode ser falando, demonstrando ou do jeito que você preferir.

108. E como saber do que ele mais gosta? Conversar sobre sexo costuma ser um tabu na nossa cultura, e também entre muitos casais. Mas não há maneira melhor para conhecer o outro. Muitas vezes, isso é decisivo para o relacionamento: ao conhecer melhor as preferências, os desejos e as fantasias um do outro, vocês aprendem maneiras de proporcionar e de sentir muito mais prazer.

109. Não gosto de sexo. Sou anormal? Claro que não. Gostar de sexo não é algo obrigatório nem imprescindível ao ser humano. Respeitar os seus limites é a decisão mais acertada.

110. Para o sexo ser prazeroso, quanto tempo deve durar? Não há regra. Cada casal tem um estilo e deve encontrar o ritmo que o satisfaça sem se preocupar com o que ocorre com a vida sexual das outras pessoas.

A região genital do homem e da mulher

As principais dúvidas dos homens giram em torno do pênis, um órgão tão importante no universo masculino que ganha até nome próprio. Já as mulheres têm se preocupado cada vez mais em conhecer a vagina e o clitóris. E ambos se interessam por tudo o que pode interferir no prazer sexual. Então vamos falar já sobre isso e muito mais: testículos, ânus, pontos eróticos e outras coisas que influem no prazer feminino e masculino.

1. O tamanho do pênis faz diferença para o prazer de alguém? Não. Isso é um mito. O que faz diferença é o estado de relaxamento e a excitação, além da ansiedade, das preocupações e do medo que podem estar em jogo na hora do sexo. Ou seja, os fatores psicológicos são os que mais influem. Quanto aos físicos, mais importante é saber como e onde tocar para sentir prazer. Em geral, os homens da nossa cultura se preocupam demais com o tamanho do pênis, pois acham que isso é o que dá mais prazer a quem está com ele na cama. Querem um pênis enorme, e muitos vivem medindo o órgão para ver se o comprimento está satisfatório. Tudo isso é uma grande bobagem, que mais tortura e incomoda do que auxilia de alguma forma na obtenção do prazer. Parar de se preocupar tanto com isso e rever essas ideias é um dos segredos para ser mais feliz na cama.

2. Até que tamanho de pênis pode entrar na vagina? A vagina é um órgão extremamente elástico que se adapta facilmente aos diversos tamanhos de pênis. Na situação de repouso mede de oito a dez centímetros de profundidade. Quando a mulher se excita, a vagina se alonga até dezesseis centímetros ou mais. Como sempre existe uma parte do pênis que fica para fora da vagina, afastado pelos grandes e pequenos lábios, pode-se dizer que a vagina é perfeitamente capaz de receber um pênis de 22 centímetros de comprimento ou mais. Além disso, quando a mulher se excita, a vagina (que em repouso fica com as paredes coladas) se alarga para 2,5 centímetros de diâmetro, tamanho suficiente para se ajustar ao pênis.

3. Além do pênis, quais são as principais zonas erógenas masculinas? Varia muito. Mas há pontos em comum entre os homens, como virilha, mamilos, parte interna das coxas, atrás das orelhas, nuca. Para estimular essas áreas, uma das melhores formas é alternar a pressão do toque e o tipo de carícia. Deslizamentos suaves com as mãos, assopros, leves arranhões e mordidas alternados com toques mais vigorosos costumam render grande excitação ao corpo.

4. E os principais pontos eróticos da mulher? As mulheres têm uma infinidade de zonas erógenas. Para descobri-las, basta acariciar o corpo em momentos de relaxamento, como durante um banho morno e relaxante. Há algumas partes em que os toques são bem prazerosos: pescoço, face, lábios, os cantos da boca, seios, mamilos, barriga, ventre, parte interna das coxas, bumbum. Esses são apenas alguns.

5. Por que sentimos mais prazer na região da vagina e do pênis do que em qualquer outra parte do corpo? Porque essas são áreas cheias de terminações nervosas e, com isso, extremamente sensíveis às carícias. O clitóris e a glande (cabeça do pênis) são mais sensíveis ainda. É por isso que os toques ali geram tanto prazer. Os seios e os mamilos vêm logo em seguida em questões de sensibilidade.

6. O que muda no corpo da mulher durante o prazer? Durante o processo de excitação, ocorrem mudanças significativas na região vaginal. As principais: os grandes lábios ficam mais inchados e escuros, pois se enchem de sangue; os pequenos lábios se afinam para facilitar a entrada do pênis; a vagina se alarga e se aprofunda e a lubrificação aumenta também para favorecer a penetração. Além disso, os seios se incham e o bico se enrijece; a respiração e os batimentos cardíacos se aceleram. A pressão sanguínea aumenta. O corpo sua. Numa fase de alta excitação, o útero se eleva na cavidade pélvica e, momentos antes do orgasmo, o clitóris se retrai. Na hora do clímax, ocorrem contrações na região dos genitais, que atingem o útero e a região da vagina, do clitóris e do ânus. Após o orgasmo, tudo retorna ao normal.

7. E no corpo do homem, além da ereção? Há alterações semelhantes às que ocorrem no organismo da mulher. Entre elas, a respiração e os batimentos cardíacos se aceleram, a pressão sanguínea aumenta, o homem começa a suar, a região pélvica se enche de sangue e os mamilos se enrijecem. Depois do clímax, tudo retorna ao normal.

8. O que exatamente ocorre na vagina na hora da transa? Ela se alarga e se aprofunda, dobrando de tamanho, para receber o pênis. A parte mais externa da vagina fica mais almofadada, enquanto os dois terços mais próximos do fundo (perto do útero) se dilatam. Ocorre também uma lubrificação natural, ao mesmo tempo que os grandes lábios se incham e ficam mais avermelhados.

9. O clitóris também se modifica na hora do sexo? Sim. Num primeiro momento, o clitóris fica enrijecido. À medida que a excitação cresce, ele vai se recobrindo pelo tecido da própria região onde está localizado. Nessa hora, a vulva inteira se incha. Todas essas modificações são desencadeadas pela excitação.

10. O que ocorre exatamente no pênis na hora da transa? Ele se enche de sangue. A ereção é isso: o órgão cheio de sangue. Isso ocorre em etapas: ao primeiro sinal de estimulação, a musculatura do pênis relaxa, permitindo a entrada em maior quantidade do fluxo sanguíneo. Em seguida, se contrai, retendo esse sangue dentro do corpo do pênis. A glande (cabeça do pênis) se descobre e também fica levemente enrijecida. Porém, a glande é a parte mais macia do órgão: a finalidade é funcionar como um amortecedor na hora do sexo, para não machucar a vagina caso a penetração seja profunda.

11. Meu pênis ereto mede catorze centímetros. É pequeno? Não. O pênis da maioria dos homens tem essa medida, segundo pesquisas. No entanto, muitos não se contentam com o tamanho. Querem um órgão maior e vivem tentando compará-lo com o de outros homens. Tamanho de pênis é um grande mito da sexualidade masculina. Não deveria ser: as medidas do órgão pouco importam para o prazer. O que conta mais é o jeito de estimulá-lo, assim como a troca de carícias e de afeto e o encaixe do casal.

12. Dá para aumentar o pênis com alguma cirurgia? A cirurgia para aumento de pênis não costuma ser muito indicada pela classe médica. Nela, o ligamento chamado suspensor, que sustenta o pênis apontando para cima na hora da ereção, é seccionado. Isso faz com que a parte externa do pênis cresça cerca de dois a três centímetros. Ou até mesmo cinco centímetros. Porém, a ereção passa a apontar para baixo. Quer dizer, você aumenta o pênis, mas cria um problema maior. Não há motivos que justifiquem esse tipo de cirurgia. O melhor é parar de se preocupar excessivamente com medidas e concentrar sua atenção no que de fato interessa: em maneiras interessantes de proporcionar e sentir prazer.

13. E com algum tipo de exercício? Não dá para aumentar o pênis assim. Isso é mito. Exercícios penianos melhoram as condições da musculatura da região que envolve toda a área pélvica, mas não aumentam o pênis. Eles favorecem a irrigação sanguínea e melhoram a tonicidade muscular dessa área do corpo. Isso tem efeito positivo na sexualidade, como o aumento da percepção dos pontos de prazer na área do pênis e nas redondezas.

14. Como são os exercícios para a região do pênis? São exercícios simples em que o homem contrai o pênis, conta até três e solta. Uma variação: contrair e soltar rapidamente, como se acompanhasse uma respiração ofegante. Para cada exercício, o ideal é não exagerar nas repetições. Duas séries de dez repetições diárias já são suficientes para lhe trazer benefícios. Se fizer mais do que isso, você pode causar dor na musculatura em torno do órgão.

15. A bomba a vácuo pode fazer meu pênis ficar maior? De jeito nenhum. Isso é outro mito. A bomba a vácuo pode melhorar a capacidade de conseguir a ereção: no passado, antes da descoberta dos medicamentos pró-ereção (que se deu no final dos anos 1990), esse era um método bastante recomendado para auxiliar nas dificuldades dessa área. Mas só deve ser usada com indicação médica. O especialista a se procurar nesse caso para a avaliação adequada é o médico urologista.

16. É verdade que, se eu perder peso, meu pênis cresce? Você pode ter essa sensação, sim. Na maioria das vezes, o pênis dos homens acima do peso ou bastante obesos tem dimensões normais, ficando apenas aparentemente diminuído pelo tecido gorduroso depositado nas coxas, no abdome e na região em torno do pênis.

17. Sou obeso. Quanto será preciso emagrecer para o meu pênis parecer maior? Um dado interessante dos médicos que tratam de emagrecimento: a cada 13,6 quilos perdidos na região do abdome, coxas e ao redor do pênis, o órgão aparenta crescer 2,5 centímetros. Diante disso, há obesos que optam por uma lipoaspiração na área púbica. O que eu tenho a dizer? Tamanho não é documento, como já foi dito em questões anteriores, e ficar se preocupando com isso é um grande gasto desnecessário de tempo e de energia.

18. E para quem já é magro? Fazer lipoaspiração na região em torno do pênis também dá a aparência de que ele é maior? Não. Nesses casos, não adianta fazer esse tipo de procedimento. Só se terá a impressão de crescimento do pênis se houver gordura localizada na região.

19. Fico tão excitado que chego a sentir algumas dores no pênis. É natural? A excitação, por maior que seja, não deve despertar dores. Se você está sentindo, pode ser sinal de algum problema inflamatório na região dos genitais. Vale consultar um médico urologista para exames e tratamento do que for necessário.

20. Meu pênis é bem torto e esquisito. Isso é normal? Pode ser característica de uma condição chamada doença de Peyronie. É provocada por uma alteração no tecido que envolve o corpo cavernoso do pênis – a estrutura que dá consistência e volume ao órgão quando ereto. Se o desvio não for de grande intensidade e se o homem não sentir dor na hora da ereção, não é necessário fazer nada. Porém, se o desvio for intenso e houver dor, é preciso procurar um urologista o mais brevemente possível. A cirurgia que corrige esse problema é simples e costuma dar excelente resultados.

21. Pênis torto pode ser mais prazeroso para a mulher? Se o desvio não for de grande intensidade, a curvatura pode até exercer um atrito vaginal maior do que o habitual durante a penetração, o que talvez seja mais prazeroso para algumas parceiras. O problema é que, em casos como esse, há uma tendência de a curvatura ir se acentuando com o tempo, o que pode provocar dor à ereção. Aí será preciso procurar um urologista para tratamento.

22. Meu pênis está apontando mais para baixo quando fica duro. Por quê? A direção da ereção se altera de acordo com a idade. Isso ocorre por causa do ligamento suspensor, que fica na base do órgão, e, na juventude, faz com que a ereção aponte para cima. Com o tempo, esse ligamento se estica, modificando o ângulo da ereção. Mas costuma ser um processo gradativo e natural. E o homem acaba se adaptando à nova situação.

23. Meu pênis parece que tem espinhas. O que é isso? Pode ser apenas uma irritação de glândulas sebáceas da pele. Ou algo maior: indica a presença de uma doença sexualmente transmissível. Procure um médico para se certificar e encontrar o tratamento correto, caso seja necessário.

24. As veias do meu pênis estão mais aparentes. Isso pode causar impotência? Não. O fato de haver veias aparentes no pênis não tem relação alguma com a dificuldade de ter ou de manter a ereção. As veias penianas superficiais são mesmo bem aparentes, sendo comum que elas variem de diâmetro em função de alterações na circulação do sangue. Além disso, esse sistema venoso não interfere no mecanismo da ereção. O sistema de circulação do sangue que influi no mecanismo da ereção é o sistema das artérias, não o das veias.

25. Quando o meu pênis fica ereto, tenho de puxar uma pele para trás, senão a cabeça não aparece. É assim mesmo? Essa pele é chamada de prepúcio. O excesso de pele é uma anomalia denominada fimose. A finalidade dessa pele é recobrir a cabeça do pênis, que é muito sensível. Na hora da ereção, o prepúcio deve recuar para descobrir a cabeça do pênis. Quando o prepúcio é grande demais (o que se chama de fimose), isso pode atrapalhar a vida sexual: na hora da ereção, pode ser que impeça que a cabeça do pênis apareça, ou até mesmo estrangule de alguma forma essa parte do órgão. Em alguns homens, o prepúcio chega a ter um tamanho três vezes maior do que o natural. Em casos desse tipo, o indicado é fazer uma cirurgia para a retirada desse excesso, que é simples e de recuperação rápida. O primeiro passo é agendar uma consulta com o urologista.

26. Meu pênis continua ereto após o orgasmo, mesmo sem eu sentir tesão. Isso é um problema? Depende do tempo dessa ereção. Quando uma mesma ereção chega a durar mais de quatro horas, é sinal de uma dificuldade sexual chamada de priapismo. Esse nome vem do deus grego Príapo, que era retratado com um pênis enorme. O priapismo pode ser causado, entre outras coisas, por algum tipo de anomalia que altera a coagulação do sangue, fazendo com que ocorra dentro do pênis. Nesse caso, se o sangue não for retirado com o auxílio de procedimentos médicos, pode causar sérios danos ao pênis e ao mecanismo de ereção. O coágulo pode ser expelido naturalmente pelo corpo, após se injetar uma substância para acelerar esse processo, ou precisa ser aspirado por uma agulha especial. Em casos mais sérios, de ereções que chegam a durar cerca de 24 horas, talvez seja necessário fazer uma pequena cirurgia. Além do priapismo, alguns problemas neurológicos ou de circulação do sangue podem causar esse tipo de ereção prolongada. Quem vai avaliar o caso e indicar o tratamento é o urologista.

27. Sempre acordo com o pênis duro. Por quê? A ereção matinal é absolutamente natural. Em geral, é desencadeada por descargas elétricas do cérebro, e não necessariamente por estímulos eróticos. Aliás, esse tipo de ereção ocorre de cinco a seis vezes, ou mais, durante uma noite de sono. É uma característica das fases de sono profundo, chamadas de REM (sigla americana para movimentos rápidos dos olhos), e faz parte de um conjunto de reações frequentes do organismo para recuperar e manter a saúde corporal.

28. Fiz um pequeno corte no meu pênis durante um acidente doméstico, fui dormir e ele amanheceu cheio de sangue. Por quê? Isso talvez tenha ocorrido por causa das ereções noturnas que mencionamos na questão anterior. Com a ereção, o pênis se enche de sangue. Isso aumenta a circulação sanguínea nos vasos da superfície do órgão e talvez seja o motivo para seu pênis ter sangrado durante a noite. De qualquer forma, sempre que estiver preocupado com algo na região do órgão genital, vale consultar o urologista para uma avaliação.

29. Ela gosta mais do meu dedo do que do meu pênis. Será que é uma questão de tamanho? De jeito nenhum. Isso é um grande mito. E uma preocupação totalmente incômoda e desnecessária. Ocorre que, com o dedo, é possível massagear mais facilmente o clitóris, que é o principal ponto de prazer da mulher. Assim, o corpo feminino chega com mais facilidade ao orgasmo.

30. O que é exatamente o clitóris? É um dos pontos mais sensíveis da região vaginal e o principal órgão de prazer feminino. Nele, os toques são tão prazerosos quanto as carícias feitas na glande (que é a cabeça do pênis). Estimulá-lo é fundamental para o prazer feminino.

31. Às vezes, o clitóris dói. Por quê? Porque é um órgão extremamente sensível e precisa estar preparado para que o toque seja considerado prazeroso. Essa preparação é um aquecimento para o sexo e ocorre com o aumento da excitação da mulher. Se ela não estiver excitada o suficiente, a carícia no clitóris, por mais delicada que seja, pode causar incômodo ou até mesmo dor.

32. Sinto cócegas no clitóris em vez de prazer. Por quê? Pelo mesmo motivo que algumas mulheres às vezes sentem dor nesse ponto: porque o clitóris ainda não está preparado para perceber os toques como algo erótico. O corpo precisa de um tempo para se programar para o sexo. Caso contrário, as carícias na região pélvica irritam, fazem cócegas, incomodam. Quer dizer, se você está agitada e estressada, é preciso parar alguns minutos para relaxar antes do sexo.

33. Como relaxar para o toque no clitóris não me irritar nem incomodar? Um banho morno pode ser uma boa opção para sair do agito do dia e relaxar a ponto de seu corpo se preparar para o envolvimento erótico. Uma dica: o banho é um bom momento para uma breve massagem relaxante e estimulante. Você mesma pode fazê-la ao deslizar as mãos com um pouco de espuma pelo próprio corpo. Essa pode ser uma excelente preparação para viver o prazer erótico.

34. O tamanho do clitóris interfere no prazer feminino? Não. Isso é outro mito da nossa cultura, assim como é um grande mito acreditar que o tamanho do pênis interfere no prazer masculino ou no de quem está com o homem na cama. Mais importante que a anatomia desses órgãos é a maneira de tocá-los e a troca que se estabelece entre as pessoas na hora do sexo. Mais importante ainda é o estado emocional de cada um: ansiedade em excesso, cobranças, medos e preocupações são fatores que só atrapalham o prazer sexual.

35. Meus testículos às vezes doem. Por quê? Pode ser natural sentir dor nos testículos de vez em quando. Mas só se for apenas uma pontada ou outra, uma dor que logo desaparece. Se o incômodo for constante, pode ser sinal de uma infecção ou outro problema a ser tratado. De qualquer forma, a dica é procurar um médico urologista o quanto antes para avaliar o caso de perto e tratar o que for necessário.

36. Tenho um caroço estranho em um dos testículos, mas não dói. É um problema? Pode ser que sim. Mesmo sem dor, pode ser indício de alguma doença e isso precisa ser verificado. Quanto mais cedo for detectado o problema, maiores as chances de tratamento e cura. Procure um urologista para verificar e tratar.

37. Os meus testículos são frios. Isso é normal? É natural, sim. A bolsa que abriga os testículos, chamada de escroto, costuma ser um a dois graus mais fria do que o restante do corpo, pois age como uma geladeira para conservar a qualidade dos espermatozoides.

38. Só tenho um testículo. Posso colocar uma prótese? Pode, mas não há necessidade. No entanto, se a questão estética o incomoda muito, talvez seja o caso de avaliar com o médico urologista se não haveria problema para a saúde da sua região genital uma possível colocação de prótese.

39. Um amigo meu tem varicocele. Ele pode ter problema de ereção? Não diretamente. Varicocele é uma doença que provoca varizes no cordão que irriga os testículos. Isso prejudica a circulação do sangue nos testículos e, a longo prazo, pode levar a uma deficiência na produção de testosterona, o hormônio masculino relacionado ao desejo. Pode ser que a queda de testosterona interfira no desejo do homem, causando também uma baixa. E essa redução do desejo, sim, pode levar a alguma dificuldade de ter ereção. Ou seja, de qualquer forma, vale tratar a varicocele o quanto antes: que tal marcar uma consulta com o médico urologista?

40. Ela jurou que era virgem, mas a vagina não era muito apertada. Será que mentiu? Não necessariamente. A vagina é um órgão extremamente elástico e, dependendo do grau de excitação da mulher, dobra de tamanho para receber o pênis, além de se alargar e se lubrificar para que a penetração ocorra com facilidade e prazer.

41. Absorvente interno tira a virgindade? A vagina é parcialmente fechada por uma membrana, o hímen, que é uma dobra de mucosa (o tecido que a reveste por dentro). Esse fechamento é parcial: há sempre um orifício ou vários pequenos orifícios, por onde escoa o sangue menstrual enquanto a mulher ainda é virgem. Essa abertura varia de mulher para mulher, mas na maioria dos casos permite a passagem do absorvente interno sem que o hímen se rompa. No entanto, o melhor é procurar um médico ginecologista para verificar se a abertura do hímen é suficiente tanto para inserir quanto para retirar o absorvente interno sem que a membrana se rompa.

42. E se eu introduzir o dedo? Isso rompe o hímen? Dependendo do tipo de hímen, é possível introduzir o dedo na vagina sem que ele se rompa. Porém, os movimentos do dedo podem provocar esse rompimento. E, se o objetivo da introdução do dedo é para sentir prazer, vale lembrar que nem sempre isso é necessário, pois as carícias no clitóris são as principais causas de prazer feminino, as que levam mais facilmente a mulher ao orgasmo.

43. Já transei algumas vezes, mas parece que o hímen não rompeu. É possível? Sim. Há um tipo de hímen que não se rompe com facilidade durante a penetração. Mas esse hímen é bem raro. Em geral, para a maioria das mulheres, o hímen já se rompe na primeira tentativa de introdução do pênis na vagina.

44. Se eu parar de transar por algum tempo, a vagina fecha? De jeito nenhum. Isso é outro mito, e dos grandes, da nossa cultura. Você pode até ter a sensação de que a vagina está mais apertada quando voltar a transar, o que pode ser provocado por uma dose de tensão típica desse recomeço que acaba levando a uma contração involuntária dos músculos vaginais. Mas basta procurar ficar tranquila e relaxar que o corpo naturalmente vai se preparar para sentir prazer.

45. Quais podem ser os prejuízos físicos para uma mulher que inicia a vida sexual muito tarde? Nenhum. Aliás, se a mulher escolher nunca fazer sexo na vida, não fará mal algum ao corpo dela. O importante é a pessoa só fazer sexo se realmente tiver vontade.

46. Transar todo dia faz mal para o corpo da mulher? De jeito nenhum! Pelo contrário: se a mulher sente desejo, o sexo pode fazer muito bem à sua saúde física, pois favorece a irrigação dos genitais, melhorando a tonicidade da musculatura da região e ajudando a mantê-la em excelente estado.

47. E quanto à saúde emocional? Sexo faz tão bem como faz ao corpo? Faz, sim, mas desde que a pessoa esteja realmente a fim. Aliás, de acordo com a Organização Mundial da Saúde, manter uma vida sexual prazerosa é um dos quatro pilares para a qualidade de vida dos indivíduos, ao lado do lazer, do trabalho e da vida em família.

48. É verdade que a vagina solta descargas elétricas na transa? É verdade, sim: toda contração muscular desencadeia pequenas descargas elétricas. E durante o orgasmo ocorre uma série de contrações dos músculos em torno da vagina. Mas calma que essa descarga elétrica é pouco intensa e não pode ser sentida por quem está transando com a mulher.

49. Os lábios da minha vagina são grandes demais. Existe alguma cirurgia que possa corrigir isso para mim? Até existe. Mas esse tipo de cirurgia não costuma ser muito recomendada, não, pois em geral é algo desnecessário. É importante saber que ocorrem entre as mulheres (e entre os homens) variações anatômicas de formato, coloração e dimensões dos órgãos genitais, sendo todas insignificantes para a obtenção do prazer. A dica é: não se preocupe com isso nem se arrisque a uma cirurgia plástica desnecessária. Como em qualquer processo cirúrgico, há a possibilidade de perder parte da sensibilidade da área, o que pode atrapalhar o seu prazer.

50. Até que ponto é normal o odor da vagina? A vagina é um órgão extremamente limpo. As secreções naturais dela têm um cheiro característico, mas que não costuma ser tão intenso. Mau cheiro vaginal pode ser sinal de infecção. Em casos desse tipo, a mulher precisará procurar um ginecologista o quanto antes para exames e tratamento.

51. Como eu faço para transar com tranquilidade durante a menstruação? Uma boa saída é o uso de camisinha feminina. Isso não vai interromper o fluxo menstrual, mas pode impedir que ele atrapalhe a transa – além, claro, de deixar o casal seguro para evitar doenças sexualmente transmissíveis.

52. Tenho sangramento depois do sexo. Por quê? O mais provável é que você esteja começando a penetração sem se sentir suficientemente excitada. Isso faz com que a vagina não se lubrifique o bastante, levando ao aumento do atrito do pênis com o órgão e talvez a um sangramento. Em outros casos, o toque da ponta do pênis no fundo da vagina provoca contrações uterinas, provocando uma sensação de cólica e desencadeando um sangramento. Também pode ser sinal de algum cisto vaginal. De qualquer forma, uma boa dica é procurar um médico ginecologista para investigar de perto o seu caso e tratar o que for necessário.

53. Endometriose pode dar problemas na hora do sexo e da penetração? Sim. É possível que a endometriose provoque dores na hora da penetração vaginal. A doença se caracteriza pelo aparecimento de células da parte interna do útero (o endométrio) em outras áreas do corpo, como na camada interna da vagina. Essas células podem dar origem a cistos, com restos de sangue menstrual. Isso pode desencadear dor na penetração. Para alguns casos, a saída é a retirada dos cistos por meio de cirurgia. Em outros, o uso de medicamentos via oral, prescritos pelo ginecologista, pode ser suficiente para tratar o problema.

54. É normal ter que usar sempre algum tipo de lubrificante para transar? Em geral, a vagina produz quantidade suficiente de líquido lubrificante para possibilitar a relação. Mas, se isso não está ocorrendo, então a dica dos médicos ginecologistas é usar algum lubrificante à base de água para favorecer o prazer.

55. Estou na menopausa e perdi a lubrificação vaginal. E agora? Aqui também vale a dica da questão anterior: é só comprar um lubrificante à base de água, vendido em farmácias ou em sex shops (há lojas eróticas on-line que vendem e entregam os produtos de forma discreta). Por ser à base de água, esse tipo de lubrificante é o mais indicado porque não danifica o material da camisinha. E oferece lubrificação na medida para favorecer o prazer da mulher e do casal.

56. Quero depilar toda a região vaginal. Tudo bem ou atrapalha o prazer de alguma forma? Isso não interfere no seu prazer, a não ser pelo incômodo da própria depilação ou do momento em que os pelos recomeçarem a crescer. No entanto, a finalidade biológica dos pelos é dar proteção à pele. Uma parcela dos médicos ginecologistas recomenda que se deixe uma fileira de pelos ao redor da abertura da vagina, favorecendo assim a proteção natural da região.

57. Tenho vergonha dos pelos do meu ânus. Depilar faz mal? Os pelos da borda anal, na maioria das vezes, não atrapalham em nada a prática de sexo. Não há por que se envergonhar dessa característica física. Se a depilação provocar pequenos ferimentos, entretanto, pode ser que isso se torne a porta de entrada para vírus e bactérias, até mesmo para o vírus da aids. Por isso, use camisinha sempre, em todas as práticas sexuais.

58. Por que os toques no ânus são prazerosos? Porque o ânus, como outras áreas erógenas do corpo masculino e feminino, é cheio de terminações nervosas, o que o deixa extremamente sensível aos toques e às carícias de prazer, seja o ânus da mulher ou o do homem. E isso não tem nada a ver com homossexualidade, heterossexualidade ou bissexualidade. É apenas a forma como o corpo humano reage aos estímulos eróticos.

59. A retirada do útero e dos ovários nos faz perder a vontade de sexo? De forma direta, não. A retirada do útero e dos ovários pode interferir indiretamente na vivência da sexualidade: há mulheres que, com a retirada desses órgãos, passam a se sentir menos mulheres. É um efeito psicológico, que pode levar à diminuição do desejo e a dificuldades de obter prazer.

60. Se eu colocar silicone nos seios, corro o risco de perder o prazer quando eles forem acariciados? A cirurgia de implante de silicone pode atingir e cortar algumas terminações nervosas e, com isso, diminuir a sensibilidade nas mamas. Segundo uma parcela dos médicos, o risco é pequeno, mas existe, e a mulher não pode ignorá-lo.

61. Na hora do prazer e também depois do orgasmo, meus seios doem. O que há de errado comigo? Durante a fase de excitação, ocorrem modificações nos órgãos genitais e em todo o corpo feminino (e no masculino também). Nas mamas, há uma dilatação dos vasos sanguíneos e, para mulheres com maior grau de sensibilidade (especialmente nos períodos pré-menstruais), é natural surgir um incômodo durante essa estimulação sexual. Mas, depois que o sexo acabou, o corpo volta aos poucos ao estado anterior de relaxamento e a dor deve passar. No entanto, se a dor é muito intensa ou se não vai embora depois do sexo, o melhor é procurar um médico ginecologista, pois pode ser que alguma alteração hormonal, ou outra coisa, esteja causando esse problema. E tudo isso precisará ser avaliado e tratado conforme orientação médica.

62. Uma amiga minha diz que seu corpo fica amortecido e ela perde a vontade de continuar transando depois que chega ao orgasmo. Isso é normal? É natural, sim. Não só para a sua amiga, como também para você. Após o orgasmo, o corpo feminino entra em uma fase de profundo relaxamento. Isso vale também para o masculino. A dica para os casais é: caso um tenha chegado ao orgasmo e o outro ainda não, vale tentar manter as carícias até que ambos se satisfaçam na cama e, depois, possam curtir juntos o momento de profundo relaxamento, descanso e prazer.

63. Há posições melhores para o corpo feminino e o masculino atingirem o máximo de prazer? Ou isso é mito? Nem mito nem verdade. No fundo, isso varia muito de pessoa para pessoa. Em geral, as melhores posições para o prazer são aquelas em que ficamos mais confortáveis na cama.

64. Tenho vergonha do meu corpo e isso acaba com o meu interesse por sexo. O que eu faço? Esse mito do corpo perfeito, que paira sobre a cabeça de muitas mulheres e também de muitos homens, só atrapalha. Claro que a aparência física é importante para atrair e despertar o desejo alheio, mas está longe de ser o ingrediente único e fundamental para a vivência do sexo de qualidade. Ao priorizar mais o seu jeito de ser como um todo, principalmente as suas características, que fazem de você a pessoa que é, seu desejo e seu prazer sairão ganhando.

65. Até quando o nosso corpo é capaz de sentir prazer sexual? A vida inteira! Basta sentir desejo.

Preliminares e masturbação

Quem quer sentir mais prazer na cama precisa perder a inibição de se masturbar. Essa é a maneira mais fácil de conhecer o próprio corpo e de descobrir os melhores caminhos para o orgasmo. As carícias preliminares, que servem para aquecer o corpo feminino e o masculino para viverem o prazer erótico, também merecem uma atenção toda especial nessa história. Saiba agora por quê.

1. Não suporto as preliminares. Por que as mulheres gostam tanto? O homem tem o prazer muito focado no pênis e na penetração. Já a mulher, não. Ela sente mais excitação com a masturbação e o sexo oral, pois essas práticas massageiam mais facilmente o clitóris, seu principal órgão de prazer. Ela também precisa de um tempo maior do que o homem para se estimular e poder partir para práticas sexuais como a penetração vaginal ou anal. Por isso as carícias preliminares são importantes: para aquecer o corpo feminino para viver o prazer.

2. Uma amiga me falou sobre uma massagem tailandesa que é ótima preliminar para o sexo. O que é isso? É uma massagem feita corpo a corpo. Ou seja, você não usa só as mãos para tocar o parceiro e vice-versa. Utiliza também os seios, a barriga, as coxas, os cabelos e todo o corpo. Essa técnica veio do Oriente e faz sucesso no Brasil em casas de massagem voltadas para o sexo pago.

3. Ele adora ouvir palavras picantes na cama. Isso pode estimular o prazer e ser uma boa preliminar? Depende de cada pessoa. Se ele se excita dessa forma, pode ser que funcione, sim, como uma excelente prática para aquecer o corpo e o sexo.

4. Quero falar palavras eróticas, mas fico inibida na hora e acabo não conseguindo. O que eu faço? Que tal ir devagar e não se cobrar tanto? É difícil conseguir se desinibir totalmente de uma hora para outra. É preciso ir aos poucos, talvez começando com elogios que estimulem você e seu parceiro a continuarem as carícias, ao mesmo tempo que revelam algumas das preferências dos dois na cama.

5. Gosto de assistir a filmes pornôs como parte das preliminares. É errado? De jeito nenhum. Não faz mal observar algo erótico como um filme, desde que você se sinta confortável com isso.

6. Filme erótico não me esquenta muito como faz com o meu namorado. Será que é porque sou mulher? Para o homem, muitas vezes olhar o ato sexual em um filme erótico já é o suficiente para despertar o desejo e se excitar. Já para a mulher, nem sempre isso ocorre: o filme erótico precisa ter um ingrediente a mais, como uma história envolvente. Aí, sim, serão maiores as chances de se excitar. Isso acompanha o ritmo feminino de sentir prazer: a estimulação vai ocorrendo lentamente, à medida que o filme se torna mais picante e desperta a imaginação.

7. Fico bastante tempo olhando fotos sensuais para me estimular a sentir mais prazer. Isso é errado de alguma forma? Não há nada de errado. Cada pessoa tem suas formas de se estimular sexualmente. Ficar à vontade com o seu jeito é o melhor caminho para sentir prazer.

8. Fico acessando sites eróticos na internet durante um tempão para me masturbar. Isso é vício? Depende de como você está vivendo isso. O vício ocorre quando a pessoa repete algo incessantemente, e aquilo gera mais sofrimento do que prazer. É como o vício por outra coisa qualquer (jogo, álcool, drogas etc.): a pessoa fica totalmente dependente da prática e não consegue ficar sem ela. Você se sente assim? Tornou-se algo que você repete, repete e repete, mas não consegue parar na hora que quer? Se sim, pode ser um vício, e o tratamento é com uma equipe multidisciplinar. Comece procurando um psicólogo e um médico psiquiatra para que eles lhe ajudem a sair dessa. Mas, se você estiver falando apenas de uma prática que lhe faz bem, entre outras mais, aí pode curtir à vontade, sem se preocupar.

9. Tem dias em que me masturbo cerca de três ou quatro vezes. Sou viciado? Tudo indica que não. Se vez ou outra você tem um aumento de desejo e se masturba muito, não quer dizer que seja viciado. Como falamos na questão anterior, a compulsão por sexo é algo que toma conta da vida do indivíduo de tal forma que ele não consegue fazer mais nada além de pensar em sexo. Passa o dia inteiro planejando a transa e buscando formas de ter relações. Nesse caso, é preciso procurar tratamento.

10. É errado a mulher sentir prazer sexual sozinha? Claro que não é errado! Pelo contrário: a masturbação é considerada uma prática sexual saudável e muito útil para ensinar o caminho para o orgasmo.

11. Tenho muita vergonha de me masturbar e acabo não fazendo isso. Sou igual às outras mulheres? Ou diferente delas? Assim como você, cerca de um terço das mulheres apresenta algum tipo de dificuldade para se entregar à masturbação. Isso ocorre por questões basicamente culturais: enquanto o homem adulto de hoje aprendeu desde pequeno que deveria valorizar o pênis e que não tinha problema algum em tocá-lo, a mulher muitas vezes cresceu ouvindo coisas do tipo "Tire a mão daí que é feio e sujo" quando se aproximava de sua vagina. Essa é uma das possibilidades para você e outras mulheres terem uma visão negativa da masturbação feminina.

12. Minha namorada não se masturba e acha isso errado e sujo. É mesmo? Essa visão da masturbação como algo negativo é resultado de uma educação sexual repressora. Não há nada de errado nem de sujo em sentir prazer tocando o próprio corpo. Pelo contrário, é uma prática saudável que ajuda a descobrir as zonas erógenas. Outra vantagem: as descobertas individuais podem ser levadas por cada um de vocês para a cama, o que incrementará o prazer dos dois.

13. Fico inibida de me masturbar na frente dele. Por quê? Talvez porque durante muito tempo a mulher acreditou que deveria apenas dar prazer, e jamais senti-lo. Ou por achar que a masturbação feminina tem algo de feio e negativo. Isso tudo é uma bobagem e vale a pena rever esses conceitos para conseguir ficar mais à vontade na cama.

14. Como eu faço para me desinibir com a masturbação? Um bom começo é observar a região pélvica com a ajuda de um pequeno espelho. Assim você identifica direito onde fica o quê. O segundo passo, que pode ser dado em outro dia, é tatear toda a área. Num terceiro momento, incremente o toque: você pode usar um pouco de gel lubrificante, ou óleo ou creme de massagem, e tocar todo o corpo em busca de prazer.

15. Ele se masturba. Não precisa mais de mim? A masturbação é uma forma extremamente prazerosa de lidar com a sexualidade. Não há mal algum em ele, ou você, se masturbar. Isso não significa necessariamente falta de desejo e de atração de um pelo outro. Trata-se apenas de mais uma maneira de sentir prazer sexual.

16. Durante a masturbação, quando fico tocando direto no clitóris, perco a sensibilidade nele e demoro muito a gozar. Por quê? Se estimulado por um período muito longo, o clitóris entra em processo de amortecimento. Isso faz parte da fisiologia do corpo feminino. Não há como impedir. Quando a estimulação estiver se alongando por muito tempo, sem levá-la ao orgasmo, a dica é mudar o tipo de carícia, trocar a posição ou estimular outras partes do corpo. Essa pequena pausa é suficiente para que, depois, você retome os toques no clitóris sem que perca a sensibilidade.

17. Nas primeiras vezes em que me masturbei, senti orgasmos fortíssimos. Agora, não. Qual é a explicação para isso? Pode ser que a prática sexual esteja caindo em uma rotina pouco prazerosa. Se for isso mesmo, ocorre o seguinte: você tem baixo grau de desejo e de excitação, o que leva a um orgasmo mais fraco. Na próxima vez, o desejo cai mais ainda e a intensidade do orgasmo também. Tentar incluir um pouco mais de criatividade na masturbação pode aumentar o seu prazer.

18. Aos 17 anos, eu chegava a me masturbar até oito vezes ao dia. Hoje, aos 30, só me masturbo uma vez. Por que perdi o pique? É natural que na adolescência o interesse pela masturbação seja maior do que em qualquer outra fase da vida, justamente por ser um período de descoberta da sexualidade. Além disso, na fase adulta há muito mais compromissos na vida de cada pessoa, o que pode restringir o tempo e a disposição para viver o prazer sexual. Não se preocupe.

19. Qual é o jeito certo de se masturbar? Não há regra. Cada pessoa precisa descobrir o seu jeito mais prazeroso. Uma dica é não se prender apenas à região genital, pois todo o corpo pode ter pontos eróticos.

20. Dá para incrementar a prática com algum produto? As sex shops têm géis que, ao entrar em contato com a pele, aquecem ou resfriam levemente a região. A sensação é bem sutil, mas há quem sinta mais prazer com esse incremento. Os lubrificantes, vendidos em farmácias, também podem ajudar, pois diminuem o atrito das mãos com os genitais e aumentam a sensação de prazer.

21. Faz mal usar vibradores? Claro que não. Se você quer experimentar a estimulação com os brinquedos eróticos, não há nada de errado nisso. Uma dica: vista uma camisinha neles e use-os com lubrificante à base de água, vendido em farmácias. Isso ameniza o atrito do aparelho com a pele e torna a prática mais prazerosa.

22. Meu parceiro sente ciúme do meu vibrador. É errado eu ter um? Não é errado, não, mas muitos homens têm mesmo bastante ciúme dos brinquedos eróticos da mulher. Há os que pensam que, se ela precisa de um vibrador, é porque eles estão falhando em algum ponto. Ou seja, encaram o aparelho como um rival, ou uma comprovação de que o desempenho deles está abaixo do esperado. A saída talvez seja explicar ao parceiro que o uso do vibrador se trata apenas de uma forma a mais de sentir prazer – o que não substitui, de maneira alguma, o prazer sentido a dois. São práticas sexuais diferentes e podem se complementar.

23. Descobri que ela se masturba com brinquedos de sex shop e não gostei disso. Estou errado? A masturbação com ou sem brinquedos eróticos é, na verdade, apenas um prazer a mais para ela. Assim como a sua masturbação costuma ser apenas um prazer a mais para você. Isso não quer dizer necessariamente que vocês não satisfaçam um ao outro. Como explicamos na questão anterior, estamos falando apenas de outros modos de obter prazer sexual.

24. Há casais que se beneficiam dos brinquedos eróticos de alguma forma? Há, sim: casais mais desinibidos fazem dos brinquedos vendidos em sex shops ingredientes a mais para apimentar e estimular o jogo erótico dos dois.

25. Sinto muito mais tesão com o vibrador do que com o parceiro. Por quê? O vibrador é um objeto cujos movimentos você pode controlar de acordo com o seu próprio prazer, assim como a intensidade das vibrações. Com o parceiro, não há tanto controle assim. Entretanto, a relação a dois envolve um ingrediente altamente afrodisíaco, que é a troca de carícias e de afeto. Além disso, há quem fique mais à vontade na cama quando está sozinha do que na presença de outra pessoa. Isso tudo pode influir para que o prazer seja maior com o brinquedo. Mas isso não é regra e varia muito de pessoa para pessoa.

26. Atualmente, prefiro me masturbar com um pênis de borracha a me relacionar com outra pessoa. Isso pode afetar o meu prazer numa relação a dois? Não dá para prever. Vai depender de quanto você valoriza e se sente à vontade em uma relação a dois. Dependerá também de quanto essa pessoa que estará com você na cama lhe é ou não especial, entre outras coisas.

27. Queria embarcar nesse universo das sex shops e de seus produtos de prazer, mas não sei como. Por onde eu posso começar? Por onde você quiser. Uma dica é fazer uma visita on-line: há uma infinidade de lojas eróticas na internet, e você pode conhecer um pouco mais desse universo de cremes, brinquedos, fantasias e muitas outras coisas. A partir daí, é só escolher algo que lhe pareça interessante e experimentar.

28. Não sinto falta de me masturbar. Sou normal? Claro que sim. Não é obrigatório que todas as pessoas gostem de se masturbar. A masturbação pode ser altamente saudável e prazerosa para a vida de qualquer um, mas desde que se sinta a fim e à vontade para viver essa prática.

29. Qual é a frequência ideal para a masturbação? Não há uma frequência ideal para nenhum tipo de prática sexual. Cada pessoa tem o seu ritmo e deve respeitá-lo. Essa será a sua frequência ideal.

30. Quando a pessoa se casa, precisa parar de se masturbar? Estado civil não impede em nada a masturbação. Ter um parceiro fixo não significa que você não possa continuar a sentir prazer com o próprio corpo. O problema é que há muito preconceito em torno dessa prática. Sentir prazer a dois ou sozinho são práticas que não precisam se excluir, elas podem se complementar.

31. Se eu me masturbar muito, posso enjoar de sexo com o meu namorado? Em geral, isso não ocorre. Pelo contrário, prazer atrai mais prazer. A pessoa que se masturba com frequência sente cada vez mais desejo e fica mais predisposta ao sexo com o parceiro. Ou seja, a masturbação só faz bem. O que pode levar a enjoar do companheiro são outros fatores, como a rotina sexual, a falta de tempo para namorar ou até mesmo dificuldades de relacionamento fora da cama, entre outros.

32. Só consigo gozar quando estou sozinha, me masturbando. Como eu faço para ter orgasmo com o meu namorado? Uma dica é tentar levar para a relação a dois as maneiras de se estimular com as quais você mais obtém prazer sozinha. Tentar descobrir juntos novos jeitos de ter prazer pode ser outro bom caminho.

33. Só ejaculo se me masturbo, nunca com a penetração. Como mudo isso? Alguns homens precisam mesmo se masturbar para chegar ao orgasmo. Isso não é tão raro assim. A masturbação, em geral, é uma prática em que a própria pessoa procura seus pontos de prazer e, por isso, talvez seja mais fácil encontrar o caminho para atingir o clímax. Ou seja, isso é natural. Mas, se algo o incomoda, virar o jogo vai exigir um pouco de paciência e investigação: tente descobrir como reproduzir a tranquilidade, o conforto e o prazer que você sente com a masturbação, só que com carícias feitas pela pessoa que está ao seu lado. Esse pode ser um começo para atingir o orgasmo de outras maneiras.

34. É verdade que meu ginecologista pode perceber se me masturbo? Nenhum ginecologista, por mais capacitado que seja, é capaz de detectar se a mulher se masturba ou não. Não há como saber, a não ser que você use algum objeto e se machuque com ele durante a prática, o que não é comum de ocorrer. Agora, uma pergunta para você: se ele percebesse, qual seria o problema? A masturbação é algo saudável e pode ser parte da vida sexual de qualquer pessoa. Não há com o que se preocupar.

35. Quando feita a dois, a masturbação transmite alguma doença? Em geral, não. A não ser em casos como quando o casal resolve compartilhar brinquedos eróticos. Aí a dica é vestir uma camisinha no brinquedo e trocá-la a cada pessoa que for usá-lo, evitando assim que o objeto transporte vírus e bactérias entre os genitais de vocês dois.

A penetração vaginal

Para muitas pessoas, sexo só é sexo mesmo se houver penetração na vagina. Não importa se fizerem sexo oral, se masturbarem ou trocarem outro tipo de carícias eróticas. Toda essa valorização do contato do pênis com a vagina acaba surtindo altas doses de ansiedade, o que não costuma fazer nada bem. Conseguir relaxar e saber um pouco mais sobre isso podem ser segredos para tornar a prática mais prazerosa.

1. Sinto prazer com a penetração, mas nunca consigo chegar ao orgasmo apenas com isso. Só homem que consegue? Ou eu tenho algum problema? Não é só homem que consegue, não. Mas o fato de você não conseguir ter orgasmos durante a penetração vaginal não é necessariamente um problema. Só é motivo de preocupação quando a mulher não tem orgasmo de nenhuma outra maneira. Se você consegue chegar lá de outras formas, não fique angustiada à toa. Isso é relativamente comum: a maioria das mulheres chega mais facilmente ao orgasmo com a estimulação do clitóris, o principal órgão de prazer feminino, como já falamos em questões anteriores. Para mulheres como você, portanto, atingir o orgasmo durante a penetração pode ser questão de técnica: será preciso também estimular o clitóris durante a prática, seja com a própria mão ou com a mão do parceiro, ou ainda com o movimento dos corpos de vocês.

2. Qual posição dá mais prazer à mulher durante a penetração vaginal? Isso varia de pessoa para pessoa, mas uma boa posição para a mulher é a que permite maior estimulação do clitóris, como aquela em que o casal se deita de lado, com a mulher na frente do parceiro e de costas para ele. Deitar-se ou sentar-se sobre o parceiro também pode ser outra opção: dessa forma o próprio movimento dos corpos surte uma estimulação no clitóris, ou é possível acariciá-lo facilmente com as mãos, o que pode ser muito prazeroso.

3. Qual é a posição sexual preferida dos homens? A melhor posição é aquela que mexer mais com as fantasias sexuais de cada um. Em geral, os homens gostam de observar alguma parte do corpo durante o sexo: os seios, o dorso ou outra qualquer. A posição preferida será a que permitir melhor observação. Como descobrir a favorita do parceiro? Experimentando.

4. Tem algum produto que ajude a sentir mais prazer na penetração vaginal? Géis lubrificantes à base de água facilitam a penetração e fazem com que o pênis deslize na vagina de forma mais prazerosa. As sex shops também têm uma série de brinquedos, como uma capa para o pênis com saliências que estimulam as paredes vaginais durante a penetração. Ou um anel que vibra para colocar na base do pênis. Esses acessórios prometem sensações novas tanto ao homem quanto à mulher, mas cada um precisa experimentá-los para saber se são estimulantes mesmo ou não.

5. Uma amiga me falou sobre exercícios de pompoarismo para dar mais prazer na hora da penetração. Como funcionam? São exercícios de contração e de soltura da musculatura vaginal. O pompoarismo é uma técnica milenar oriental que foi incorporada à cultura do Ocidente: os médicos ginecologistas recomendam exercícios desse tipo para prevenir incontinência urinária, fortalecer a região pélvica e fazer com que a mulher perceba melhor o próprio corpo. Praticar esses movimentos do pompoarismo durante a penetração pode trazer uma pressão maior ao pênis, com as paredes vaginais, e render mais prazer ao casal.

6. De onde veio o pompoarismo? O pompoarismo surgiu há milênios na Índia e ganhou fama no Ocidente com o filme *O império dos sentidos*, de 1976, com a cena em que uma mulher sugava um ovo com a vagina e depois o expelia. Mais tarde, em 1994, no filme *Priscilla, a rainha do deserto*, uma mulher disparou bolas de pingue-pongue com a vagina, e foi outro reboliço em torno do pompoarismo.

7. Uma amiga me disse que existem pesinhos para fazer os exercícios de pompoarismo. É assim mesmo? Sim. Os exercícios de contrair e soltar podem ser feitos também com o auxílio de pesos ou bolinhas para pompoarismo, em geral vendidos nas sex shops.

8. E quanto ao *Kama Sutra*? As posições dele são mesmo o máximo? Nem tudo o que se diz a respeito do *Kama Sutra* é lenda, mas há certa dose de exagero nessa história. O *Kama Sutra* é um manual que resume a filosofia indiana sobre a arte de amar. Reúne desde posições sexuais (64 ao todo) a técnicas para seduzir, se relacionar com a outra pessoa e manter hábitos de higiene. Ensina também a beijar, a abraçar e a fazer carícias eróticas, como o sexo oral. Algumas posições são exóticas, mas outras nem tanto.

9. Fazer posições do *Kama Sutra* garante mais prazer ao casal? Experimentá-las não é garantia de uma noite de sexo de perder o fôlego, como se costuma divulgar. Isso depende de muitos outros fatores: conhecer os próprios pontos de prazer, livrar-se da ansiedade e das preocupações quanto ao desempenho e relaxar. De qualquer forma, o *Kama Sutra* pode servir para dar ideias, estimular a imaginação e quebrar a rotina.

10. Existem outros manuais orientais de amor e sexo, ou só o *Kama Sutra*? Há, sim, outros manuais orientais. Eles também são interessantes, como o *Ananga Ranga*, escrito mil anos após o *Kama Sutra* e também muito erótico.

11. Por que eu me distraio tanto na hora da penetração? Distrair-se é sinal claro de que você não está sentindo prazer, ou está deixando que preocupações e problemas dentro ou fora da cama interfiram no sexo. Procure esvaziar a cabeça e tentar apenas se concentrar nas sensações do momento.

12. Quantos movimentos são necessários para que eu goze com a penetração? Não há um número ideal de movimentos. Tudo depende do seu nível de excitação. Quanto mais estimulada a pessoa estiver antes da penetração, mais prazer sentirá. Como consequência, o orgasmo virá mais rapidamente, podendo ser também mais intenso. Ou seja, uma dica é não começar o sexo logo com a penetração. Fazer um aquecimento com outras carícias e práticas (beijos, abraços, sexo oral, masturbação, massagem erótica e outras ideias que vierem à cabeça) pode render mais excitação e prazer na hora da penetração vaginal.

13. Até que profundidade a penetração pode ir sem machucar a mulher? Depende de cada mulher. Cada casal é que terá de dosar a profundidade. Há mulheres que se excitam quando o pênis toca o fundo da vagina. Outras têm uma sensação de incômodo dessa forma. Ao primeiro sinal de dor, a dica é mudar a posição ou reduzir a intensidade. Deve-se ir apenas até o limite do prazer.

14. Dependendo da posição, o pênis incomoda. Quando estou por cima, por exemplo. Por quê? A penetração é mais profunda na posição em que a mulher fica por cima do homem. Talvez seja isso que a incomode. Mas vale lembrar que qualquer dor pode ser indício de um problema mais sério, como uma infecção vaginal. Procure um ginecologista para se certificar se esse é o problema ou não. Descartada essa hipótese, o que você tem a fazer é priorizar as posições em que a penetração não é tão profunda, como vocês de frente um para o outro, porém ele por cima (a chamada "papai e mamãe"), ou ambos deitados de lado, sendo você na frente e de costas para ele (chamada de "colher").

15. Gosto de transar na posição de quatro, mas ela reclama que dessa forma a vagina dói muito. Por quê? Essa é outra posição em que a penetração do pênis pode ser mais profunda e causar incômodo ou dor para algumas mulheres. Se não está legal, vocês já sabem o que fazer, não é mesmo? Melhor partir para outras ideias prazerosas para ambos.

16. Sinto dor. É sinal de alguma doença sexualmente transmissível? Dores na penetração podem ter causas físicas e psicológicas. Doenças sexualmente transmissíveis podem irritar a mucosa que reveste internamente a vagina e provocar uma sensação de desconforto ou de ardência no contato com o pênis. Infecções pélvicas podem provocar a obstrução das glândulas que produzem os fluidos vaginais. Isso faz com que, durante o sexo, a vagina gere menor quantidade de seu lubrificante natural, o que pode causar desconforto durante a penetração. Para descobrir qual é exatamente o problema, a primeira coisa que a mulher deve fazer é procurar um ginecologista e investigar se alguma doença ou infecção está impedindo o seu prazer. Se não houver nada físico, então a questão da dor está relacionada ao lado emocional, e o tratamento é com o psicólogo.

17. Eu não tenho doença. Por que a penetração dói? Muito provavelmente porque seu corpo não está se preparando o suficiente para receber o pênis sem dor. Quando a mulher se excita, a vagina se alarga, se lubrifica e se aprofunda para receber o pênis. Se a mulher está tensa, preocupada, com medo ou sem vontade de fazer sexo, pode ser que esse processo natural não ocorra, ou que a vagina se contraia sem querer na hora da penetração. Tudo isso pode causar incômodos ou até mesmo dor. Há mulheres que insistem por muito tempo em transar mesmo sentindo dor. O que costumo recomendar é que interrompam um pouco as transas e procurem um psicólogo para descobrir formas de ficar mais tranquilas na hora do sexo, a fim de seu corpo se preparar adequadamente para sentir prazer em vez de dor com a penetração vaginal.

18. Uma amiga me disse que tem vaginismo. O que é isso? É a contração involuntária da musculatura vaginal na hora do sexo. A intensidade do problema varia: algumas mulheres chegam a fechar totalmente o orifício vaginal, impedindo a entrada do pênis. Outras apresentam uma contração em menor grau: o órgão masculino penetra a vagina, mas com dificuldade. Isso tem fundo psicológico. Na maioria das vezes é resultado de relações sexuais traumáticas, como estupro ou abuso sexual. Uma educação sexual repressora, que traz uma visão negativa do sexo, também contribui para casos de vaginismo. Eles não são raros: estima-se que 10% da população feminina tenha essa dificuldade.

19. Não dói, mas o pênis também não consegue entrar. Ou entra no máximo um ou dois centímetros. Por quê? Mesmo que você não sinta dor, essa incapacidade de receber o pênis costuma ser sinal de vaginismo. Há mulheres que, mesmo altamente excitadas, contraem os músculos da vagina sem perceber. Ou seja, o órgão se fecha e o pênis não entra mesmo, pois a musculatura vaginal costuma ser forte. Essa dificuldade para receber o pênis é de fundo emocional, como falamos na questão anterior, e precisa ser tratada com a ajuda de um psicólogo.

20. Ouvi dizer que existe uma técnica do dedo para conseguir ter a penetração sem dor. Existe mesmo isso? Como funciona? Isso tem a ver com começar a relaxar a musculatura da região da vagina aos poucos: primeiro, a mulher introduz um dedo e vê como se sente. Num próximo momento, introduz dois dedos. Só num terceiro momento é que tenta a penetração do pênis na vagina. Ou experimenta com um brinquedo erótico, como um vibrador ou algum outro em formato de pênis: esses objetos têm tamanhos variados e pode-se começar com um de pequenas dimensões. Mas nada disso adianta se a mulher não investigar a fundo o que causa tanto medo e incômodo com a penetração. Essa investigação costuma dar excelentes resultados quando feita com a ajuda de um psicólogo.

21. Posso ter um defeito na vagina? Isso é raro, mas pode ocorrer. Há mulheres que nascem com alguma anomalia, que um ginecologista facilmente detecta. A mais comum é o septo vaginal: a mulher nasce com uma membrana no meio do canal vaginal, que o divide em duas partes. Há casos em que esse septo passa despercebido e não chega a atrapalhar em nada o sexo. Na fase de excitação, quando a vagina se alarga naturalmente para receber o pênis, essa membrana se cola a uma das paredes vaginais, deixando o canal livre. Mas, quando isso não ocorre, a mulher sente dor. O canal vaginal fica dividido ao meio, e o pênis é introduzido em um dos lados. Ou seja, num espaço pequeno demais para a penetração. Os casos, no entanto, são raríssimos. Dor na penetração é, na maioria das vezes, uma dificuldade por causas psicológicas, e não físicas.

22. Depois do parto natural, a dor melhora? Isso é um mito. A dor só melhora quando a pessoa procura tratamento adequado. Se a questão for emocional, como a maioria dos casos, é preciso se encorajar e marcar uma visita ao psicólogo para iniciar o tratamento necessário.

23. Tenho medo de dizer para o meu namorado que não quero mais transar por causa da dor e ele me deixar. Então transo mesmo com dor. Como melhoro isso? Você precisa buscar tratamento com um psicólogo para ver quais as causas psicológicas dessa dificuldade sexual e para aprender a virar o jogo. No entanto, talvez seja necessário interromper as transas vaginais por um tempo. Se o seu namorado vai deixá-la por causa disso? Não dá para prever. O que dá para saber é que um relacionamento a dois precisa respeitar os limites das pessoas envolvidas. No seu caso, é necessário que você e ele respeitem o limite que o seu corpo está apresentando nesse momento com a dor na penetração, para que você tenha tempo para aprender a se livrar de vez desse incômodo.

24. Como me encorajo a tratar essa dor? Talvez sabendo que você pode acabar com ela. Mas vai precisar ter calma e paciência consigo mesma para descobrir, aos poucos, o que está impedindo o seu prazer e como lidar melhor com isso.

25. Não senti dor na primeira vez em que transei. E foi um dia desses. Quer dizer que continuo virgem? Isso é mito. Há mulheres que não sangram nem sentem dor com a primeira penetração, mas mesmo assim o hímen se rompe e ela perde a virgindade.

26. Sou virgem. Tem alguma dica para a primeira transa não ser dolorida? Tenho duas: não se preocupar demais com o desempenho e tentar ficar o mais relaxada possível na hora da transa. Assim o seu corpo se prepara naturalmente para sentir prazer com a penetração vaginal.

27. Ela desiste na hora da penetração vaginal. Por quê? Algumas mulheres ficam tão tensas na hora do sexo que sentem incômodo ou dor na penetração, como falamos em questões anteriores. Pode ser isso. Mas, para saber ao certo, só mesmo perguntando a ela.

28. O número de relações sexuais com penetração torna a vagina mais larga? Não, o uso não alarga a vagina. Isso é outro mito. A vagina é um órgão extremamente elástico. Na hora da transa, ela aumenta de tamanho para receber o pênis com prazer e sem dor. Mas, terminada a relação, tem a capacidade de voltar tranquilamente às dimensões anteriores.

29. Sai um ar da minha vagina durante a penetração. O que é isso? São gases vaginais. Isso pode ocorrer dependendo da posição em que você estiver na hora da penetração. Eles não têm cheiro, apenas provocam um barulho que, às vezes, é constrangedor. A saída é mudar de posição. Porém, se esses gases vaginais apresentarem um odor desagradável, pode ser sinal de que haja alguma infecção. Nesse caso, procure um médico ginecologista para tratar o quanto antes.

30. A penetração me dá vontade de fazer xixi. Por quê? Os movimentos da penetração podem causar uma pressão na bexiga e desencadear a vontade de fazer xixi. Isso é absolutamente natural. Ocorre quando a bexiga está cheia. A solução é procurar esvaziá-la antes da relação sexual.

31. Na hora da penetração vaginal, chego a molhar o colchão de tanta lubrificação. Há alguma maneira de reduzi-la? Você está preocupada à toa. Por mais intensa que seja a lubrificação, isso não é negativo. É apenas a maneira como seu corpo reage aos estímulos de prazer. Lubrificar-se facilmente só traz vantagens, pois facilita a penetração do pênis e torna o atrito do órgão com a vagina muito mais prazeroso.

32. Minha vagina se lubrifica pouco para a penetração vaginal, e meu médico disse que não tem nada de errado comigo. O que eu devo fazer? Se a lubrificação vaginal for insuficiente, é possível utilizar um lubrificante à base de água, que é vendido em farmácias ou em sex shops. Há também no mercado algumas camisinhas com dose extra de lubrificante para favorecer a penetração. A camisinha feminina pode ser outra opção, pois ela é extremamente lubrificada.

33. Posso usar creme de massagem como lubrificante para penetração? Há dois inconvenientes em usar um produto que não é específico para a prática sexual. Um deles é que o creme costuma ser absorvido pela pele e perder rapidamente a ação lubrificante que você gostaria que tivesse. Outro problema é a camisinha poder ser danificada pelo produto. Opte por lubrificantes à base de água. Eles estão à venda em qualquer farmácia ou sex shop. O sexo será melhor assim.

34. O pênis dele é curvado para o lado. Tudo bem transar assim? Se a curvatura não for muito acentuada e não provocar dor, é possível conviver com ela e ter uma vida sexual satisfatória. Mas, caso venha acompanhada de dor durante a ereção e a penetração, aí será necessário procurar um médico urologista para exames e tratamento.

35. Tem alguma posição para que ele não sinta dor pelo fato de o pênis ser torto para um dos lados? Todos os pênis, mesmo os curvados, são flexíveis. Com isso, podem virar para todas as direções e se ajustar às mais variadas posições sexuais. Vocês vão ter de experimentar para descobrir quais as mais indicadas para ele não sentir dor. Mas, se a dor aparecer de qualquer maneira, então está mais do que na hora de buscar tratamento com o médico urologista.

36. Se ele brochar durante a penetração vaginal, o que eu faço? Encarar com naturalidade é a atitude mais acertada. Todo homem e toda mulher podem falhar de vez em quando na cama. Isso é natural. Se a dificuldade se repetir por muitas vezes, vale procurar a ajuda de especialistas: o médico para as questões físicas e o psicólogo para as emocionais.

37. Na hora da penetração, o que provoca a perda de ereção? Há fatores físicos e psicológicos. O lado emocional conta muito na hora da transa. Se o homem estiver tenso, preocupado e ansioso quanto ao desempenho, é maior o risco de ele não ter ou perder a ereção. Já os fatores físicos em geral estão associados a problemas cardíacos, a doenças como diabetes e hipertensão e ao processo natural de envelhecimento. Mas a boa notícia é que tem tratamento para tudo: é recomendável procurar o médico urologista para as questões físicas e o psicólogo para as emocionais.

38. O pênis fica flácido no meio da penetração. A culpa é minha? Perder a ereção tem mais a ver com preocupações que estão dentro da cabeça do homem do que com a parceira que está ao seu lado. A mulher está envolvida de certa forma, mas não é a responsável direta. Nem mesmo se o parceiro sofrer com a chamada angústia de desempenho, que é a insegurança que dá ao ir para a cama pela primeira vez com uma mulher, por exemplo. Essa dificuldade é algo que envolve o lado emocional dele, e é ele quem terá de aprender a lidar com isso.

39. Pode ser falta de interesse em mim? Não dá para saber ao certo. Ele é quem terá que dizer isso. Diversos casais enfrentam períodos de baixa de desejo e, sem vontade de sexo, a ereção não vem mesmo. Mas problemas fora da cama ou do relacionamento a dois também podem interferir na ereção, como preocupações, estresse e outras questões emocionais, além de questões físicas, como as que mencionamos nas questões anteriores.

40. Dá para introduzir o pênis meio mole na vagina? Até dá. Será preciso contar com a ajuda dos dedos. Nesse caso, movimentos vaginais de contração e sucção podem ajudar a estimular o pênis e a si mesma.

41. Se ele gozar na primeira penetração, quanto tempo precisa esperar para ter outra ereção e continuar a transa? Esse tempo varia conforme a pessoa e a idade. Após o orgasmo, o corpo masculino entra num período de relaxamento, em que não responde aos estímulos eróticos. Nos jovens, essa fase refratária costuma ser breve, de dez a quinze minutos. Para homens adultos, costuma levar de trinta minutos a uma hora. Esse período de repouso é uma reação natural do organismo: o desejo pode continuar, a única questão é que o corpo exigirá essa pausa para descanso.

42. A penetração faz ele ejacular em instantes. Dá para retardá-la? Talvez não dê. Vocês podem tentar se estimular bastante de outras formas antes de partir para a penetração vaginal. Ou ele pode tentar desfocar a atenção da transa na hora da penetração, para conseguir segurar um pouco mais. A dica é não encarar isso como um problema. Caso contrário, pode realmente se tornar um.

43. Usar preservativo tira ou não a sensibilidade do pênis para a penetração? O preservativo é feito de um material (látex) extremamente fino. Ou seja, forma apenas uma película protetora, que praticamente não interfere na sensibilidade. Mas tem homem que acha que atrapalha. De qualquer forma, vale levar em conta que sexo saudável e seguro é só mesmo de camisinha, sempre.

44. É melhor usar a camisinha feminina? Depende do gosto de cada casal. Há os que se adaptam a ela. Outros preferem a masculina. Um ponto a favor da camisinha feminina é a alta dosagem de lubrificante, que facilita ainda mais a penetração.

45. Sinto culpa com a penetração vaginal. Por quê? Talvez por conta de uma educação sexual repressora, que fala coisas negativas sobre o sexo, relacionando-o a algo errado e sujo. Tentar dar novos significados à prática sexual pode virar esse jogo a favor do seu bem-estar e do seu prazer.

O sexo oral e o sexo anal

Já houve um tempo em que o sexo oral e o anal eram práticas totalmente fora do repertório erótico dos casais. Mas hoje se sabe que podem render mais prazer na relação a dois. Desde que ambos estejam realmente a fim de praticá-los.

1. Qual é o melhor jeito para que a mulher sinta mais prazer ao receber sexo oral? O segredo é não se prender apenas à região vaginal. Outras áreas do corpo podem ser estimuladas ao mesmo tempo, como os seios, a barriga, a parte interna das coxas. Variar o tipo e a intensidade das carícias, além de utilizar também as mãos durante o sexo oral, pode incrementar a prática.

2. E para dar mais prazer ao homem? É importante saber que a glande (a cabeça do pênis) e o freio da glande (aquela pele que a une ao corpo do pênis) são áreas bem sensíveis, onde as carícias devem ser mais suaves. E também vale o que falamos na questão anterior: explorar todo o corpo e variar as carícias.

3. Que posição é a melhor para a mulher receber o sexo oral? Depende de cada mulher. Vale o que for mais confortável. Uma dica é usar uma almofada embaixo do bumbum para elevar a região vaginal. Há mulheres que preferem se movimentar durante essa prática. Nesse caso, uma boa posição é aquela que permite mais movimentos.

4. E quando for a vez do homem? Também depende de cada um. Pode-se escolher qualquer posição. Vale levar em conta que os homens são bem visuais na hora do sexo, o que significa que se estimulam bastante com o que estão vendo. Uma posição que favoreça essa observação durante o sexo oral pode apimentar a prática.

5. Para o sexo oral simultâneo ser prazeroso existe alguma posição específica? Não necessariamente. O melhor é o casal experimentar variados jeitos até encontrar a posição que mais lhe agrada.

6. Sinto certo incômodo quando a língua toca o clitóris. Por quê? É preciso estar excitada o suficiente para que o toque da língua no clitóris seja prazeroso. Senão, pode surtir efeito contrário: incômodo, cócegas e até dor. Se você não estiver estimulada, o sexo não será prazeroso. Nesse caso, o melhor é se aquecer um pouco mais antes de chegarem ao clitóris.

7. Fico inibida quando ele faz sexo oral em mim. O que eu tenho de errado? Assim como muitos homens cresceram ouvindo que a vagina é feia e suja, muitas mulheres tiveram a mesma educação sexual repressora e equivocada. Então não conseguem relaxar na hora do sexo oral. Ficam imaginando se o parceiro está gostando ou não, se o cheiro ou o gosto estão ruins e outras coisas mais. Aí não conseguem sentir prazer. Será que esse é o seu caso? Ou o que a incomoda? Tente investigar para virar o jogo a favor do seu prazer e ser capaz de se desinibir.

8. Tenho vergonha de que ele veja minha expressão de prazer. Por que me sinto assim? Isso também pode ser fruto de uma educação sexual antiga e equivocada, que dizia que mulher não podia sentir prazer sexual. O resultado é uma mulher pouco à vontade para receber o sexo oral, por exemplo, e para demonstrar que está gostando dessa prática.

9. Demoro muito a gozar com o sexo oral e ele não entende por quê. Nem eu sei direito. Qual é o motivo? Em geral, quando a mulher demora para chegar ao orgasmo é porque está ansiosa, tensa e preocupada. E não consegue relaxar e curtir o momento. Isso pode ocorrer por medo de o parceiro não estar gostando ou pela crença equivocada de que a mulher não pode sentir prazer, ou por outra coisa negativa qualquer em relação ao sexo oral. Talvez a prática de sexo oral simultâneo seja uma saída para tirar o foco só de você e, assim, permitir que relaxe um pouco mais nessa hora. Outra dica é tentar tirar cobranças e preocupações do caminho, como os pensamentos do tipo "estou demorando demais" ou "não sei se vou conseguir". Além de desconcentrar a pessoa, eles também inibem a obtenção de prazer.

10. Ele só consegue ter ereção com sexo oral. Por quê? Com o sexo oral, a cabeça do pênis, que é o principal órgão de prazer masculino, costuma ser bastante estimulada, trazendo mais rapidamente a excitação. Alguns homens relatam também que conseguem relaxar e curtir mais com o sexo oral. De qualquer forma, isso não precisa ser motivo de preocupação: pode ser apenas o jeito como cada um consegue se estimular mais facilmente.

11. Ele morre de vontade de ejacular no meu rosto, como ocorre nos filmes pornôs. Pode? Em tempos de doenças sexualmente transmissíveis, não vale a pena ter contato com o esperma, pois ele pode ser um transmissor de bactérias e de vírus, como o da aids. É melhor ejacular na camisinha.

12. Faz mal engolir o esperma? Em linhas gerais, o esperma é formado basicamente de espermatozoides, açúcares e proteínas, sem nenhum elemento que provoque danos à saúde. Visto por esse ângulo, não faz mal algum engoli-lo. No entanto, o esperma é um grande concentrador do vírus da aids, entre outras doenças. Se o parceiro estiver infectado, há, sim, risco de contaminação. Por isso, recomenda-se sempre o uso de camisinha para o sexo oral e que a brincadeira de engolir esperma seja abolida entre os casais.

13. A mulher tem que usar camisinha feminina durante o sexo oral? Sim. Mesmo que pareça incômodo, essa é a melhor maneira de prevenir a transmissão de doenças na hora do sexo oral.

14. Posso beijar na boca depois do sexo oral ou faz mal? Mal não faz. Vai do gosto de cada casal e das preferências individuais. Algumas pessoas acham extremamente excitante beijar durante todo o sexo, outras sentem nojo após o sexo oral. Vocês é que têm de encontrar seu estilo.

15. Ele adora que eu faça nele, mas nunca retribui. Será que tem nojo da vagina? Talvez. Há homens que sentem nojo de praticar sexo oral na mulher, pois aprenderam que a vagina é suja. Essa ideia preconceituosa acaba atrapalhando o prazer. Conversar abertamente sobre o assunto e rever essas ideias pode ser uma dica para aumentar o prazer de vocês dois.

16. Quero acabar com o cheiro da vagina. Tem jeito? Vagina tem cheiro de vagina, assim como pênis tem cheiro de pênis. Manter os hábitos básicos de higiene, como tomar banho e lavar direitinho a região genital, já é o suficiente para garantir a saúde e o prazer. No entanto, se você perceber um odor que não vai embora, vale procurar um médico ginecologista para fazer exames, verificar se há algo de errado, como uma infecção ou doença sexualmente transmissível, e tratar o que for necessário.

17. Durante o sexo oral, não suporto o cheiro do esperma. Dá para resolver? Não dá. O esperma tem um cheiro característico e não há como modificá-lo. Uma dica pode ser usar camisinha com aroma e sabor de fruta. Além de amenizar o odor, a camisinha faz o mais importante de tudo, que é evitar a transmissão de doenças.

18. Ele intercala as carícias vaginais com momentos em que suga os meus seios. Eles podem ficar flácidos? Por causa disso, não. O que determina a flacidez das mamas são três fatores: hereditariedade, faixa etária e variações de tamanho (engordar e emagrecer). Relaxe e aproveite os estímulos. O sexo oral fica mais prazeroso quando as carícias não se restringem apenas à região pélvica.

19. Sinto enjoo com o gosto da vagina. Então chupo bala de hortelã durante o sexo oral nela. Há algum inconveniente? Não, não há qualquer inconveniente. Mas, segundo os médicos infectologistas, o mais adequado é usar camisinha feminina para o sexo oral na mulher, como mencionamos em questões anteriores. Isso resolve a questão do gosto e também protege contra as doenças sexualmente transmissíveis.

20. Há algum jeito de o sexo anal doer menos? É importante que a pessoa que recebe a penetração anal esteja bastante excitada e relaxada. Assim, a prática anal fica mais prazerosa. Usar um lubrificante à base de água, que não danifica a camisinha, também pode ajudar. Algumas pessoas relatam que preferem começar com a introdução do dedo no ânus, antes de partir para o pênis. Seja de que forma for, o sexo anal só será prazeroso se a pessoa estiver realmente a fim. Do contrário, não vale a pena forçar a barra.

21. Posso usar creme hidratante para lubrificar o ânus? Isso não surte um efeito muito eficaz, pois após alguns instantes, o hidratante é absorvido pela pele e não cumpre a função de lubrificar e amenizar o atrito. Melhor usar camisinha com dose extra de lubrificação. Ou um lubrificante à base de água, vendido em farmácias e sex shops, para não danificar a camisinha e garantir que a penetração ocorra com menos atrito e mais prazer.

22. Existem produtos que anestesiam o local para o sexo anal? Se você passa algum produto anestésico no ânus, está supondo que não vai sentir dor na penetração, não é? Mas também não vai sentir prazer. Quer dizer, não vai sentir nada. Então para que fazer esse tipo de sexo? Sexo e falta de prazer não combinam.

23. Qual posição facilita a penetração anal? Como em qualquer prática sexual, o melhor é escolher a posição em que vocês ficam mais confortáveis. Assim será mais prazeroso.

24. É possível a mulher chegar ao orgasmo com sexo anal? Claro que sim. A região anal é cheia de terminações nervosas e muito sensível aos toques eróticos. Qualquer tipo de carícia no ânus pode render prazer. Mas isso se a pessoa estiver relaxada e a fim desse tipo de prática, fator fundamental para que a penetração não seja dolorosa. Outra dica é acariciar o clitóris durante a penetração anal: esse é o principal órgão de prazer feminino, e toques no clitóris ajudam a levar mais facilmente a mulher ao orgasmo.

25. Morro de medo do sexo anal. Como eu faço para relaxar? O primeiro passo é verificar se há cumplicidade entre o parceiro e você para que façam tudo com calma e confiança de que vão interromper a prática caso alguém desista na hora. Saber mais sobre o assunto também pode ajudar. Que tal reler as questões anteriores sobre sexo anal e também ver as próximas?

26. Acho o sexo anal imoral. Será que é mesmo? Isso é mito. Sexo anal é alvo de inúmeros preconceitos e de diversas críticas. Não é errado nem imoral, desde que o casal esteja realmente a fim.

27. Sexo anal é falta de higiene? Não. Apenas é preciso ter alguns cuidados, como o uso de camisinha. Vale também trocar o preservativo após o sexo anal caso queiram fazer penetração vaginal. Senão, as bactérias que habitam o ânus podem provocar infecções ao serem transportadas pelo pênis para a vagina.

28. Sexo anal faz mal à saúde? Não, desde que se use camisinha toda vez, a fim de evitar as doenças sexualmente transmissíveis. Das práticas sexuais, o sexo anal é o que oferece maior risco de transmissão de doenças, pois provoca pequenos cortes no ânus, que são portas de entrada gigantescas para vírus e bactérias.

29. E se o pênis for muito grande? Causa algum problema durante a penetração anal? Os pênis medem, em geral, 14,5 centímetros de comprimento e 2,5 centímetros de diâmetro na ereção. Essas medidas, ou algumas um pouco maiores, não comprometem em nada o sexo anal. O que interfere é a lubrificação adequada, o estado de relaxamento do ânus e a intensidade da penetração. O ânus não é um órgão tão elástico quanto a vagina, mas seus tecidos têm certa elasticidade.

30. Sexo anal provoca hemorroidas? Não. Isso não passa de outro mito, fruto de uma educação sexual antiga e repressora que descarta qualquer prática que não seja a penetração vaginal.

31. E para quem já tem hemorroidas, a penetração anal agrava o problema? Depende. As hemorroidas são a dilatação de veias da região anal. Se o sexo anal for feito no período de inflamação, sem dúvida agravará o quadro, além de provocar muita dor. Em outros momentos, pode ser feito. De qualquer forma, vale avaliar isso marcando uma consulta com o seu médico.

32. O sexo anal pode desencadear dificuldade para segurar as fezes? Não. O ânus é envolto em uma musculatura circular, chamada de esfíncter anal, que tem capacidade de se distender e de se retrair. Ou seja, ele se abre para o sexo anal e, depois, volta ao normal.

33. É preciso fazer uma limpeza interna no ânus antes do sexo? Não. Isso é lenda de filme pornô. Há atrizes desses filmes que fazem, sim, esse tipo de limpeza. Os motivos justificam: elas estão ali para representar, vão passar horas encenando, a câmera vai focalizar bem de perto etc. Fora da tela, no entanto, não há necessidade de uma limpeza interna. Basta higienizar a região como fazemos diariamente ao tomar banho.

34. E aquela prática de jogar um jato de água com o chuveirinho dentro do ânus para lavar bem? Precisa mesmo ser feita? Os médicos não gostam dessa prática, pois pode ser um excesso nocivo à saúde da região anal. Só o banho de sempre já basta.

35. A penetração anal me dá vontade de fazer xixi. É normal? A pressão exercida pelo pênis na região da bexiga pode ser maior durante a penetração anal. A solução para isso é simples: faça xixi antes do sexo.

36. O sexo anal engravida de alguma forma? Não. O esperma não consegue atingir os ovários tendo como porta de entrada o ânus. Não há ligação. O esperma só engravida quando entra no corpo feminino pelo canal da vagina.

37. Faz mal ele ejacular no meu ânus? É necessário tomar cuidado com doenças sexualmente transmissíveis. A dica é: para se prevenir, use camisinha sempre, especialmente no sexo anal.

38. Dá para usar camisinha feminina no sexo anal? Não dá, infelizmente. Nessa prática, o homem é que tem de usar a camisinha.

39. Não sei se quero praticar sexo anal, mas meu parceiro insiste. O que eu faço? Fazer algo que não quer só para agradar o parceiro está longe de ser uma boa ideia. Não há como sentir prazer dessa maneira. Mas, se você está em dúvida e tem medo de experimentar, é diferente: aí até vale tentar. Se não quiser de jeito nenhum, o melhor é respeitar os próprios limites.

40. Ele quer tocar meu ânus com a língua. Isso é comum? Algumas pessoas acham esse tipo de carícia altamente excitante. Vale lembrar aqui: o segredo para ser feliz na cama é topar apenas o que dá prazer a ambos.

41. Ele gosta de ser acariciado no ânus. É homossexual? Homossexualidade significa sentir atração erótica por alguém do mesmo sexo. Não é o tipo de carícia que vai definir isso, mas sim com quem a pessoa sente desejo de transar. Ou seja, gostar de toques no ânus não significa necessariamente que o homem é gay. Se o desejo sexual dele é por mulher, então ele é heterossexual.

42. E se ele usar um vibrador no próprio ânus? É gay? Vale o mesmo raciocínio da questão anterior: homossexual é quem tem desejo erótico por pessoa do mesmo sexo, e não necessariamente quem se excita com carícias na região do ânus. Aliás, o ânus é uma área cheia de terminações nervosas e extremamente sensível aos toques de prazer, tanto para o homem quanto para a mulher, independentemente de serem homo, hetero ou bissexuais.

43. Por que os homens pedem tanto para fazer sexo anal? Há vários motivos e cada pessoa terá os seus. Mas um deles pode ser a questão da fantasia: como a prática tem ares de algo proibido, para muitas pessoas se torna extremamente excitante justamente por isso. Outro fator é que, no Brasil, o bumbum é uma parte do corpo da mulher que desperta olhares e interesse. Há também o tipo de pressão que o ânus promove no pênis: por ser uma região menos elástica do que a vagina, costuma fazer mais pressão durante a penetração, o que para muitos homens é bastante prazeroso.

44. Adoro sexo anal. Sou normal ou isso é uma obsessão? Você é normal. As preferências sexuais variam de pessoa para pessoa. Vale lembrar: o que soa como proibido costuma despertar grande interesse erótico em muita gente. O sexo anal entra nessa lista.

45. O que posso fazer para que ela perca o medo de sexo anal? Ir com calma. Não adianta pressionar. Você pode estimulá-la devagar, começando com carícias feitas com as mãos e, mais tarde, tentar a penetração anal. Outra dica é o uso de lubrificante à base de água, que não danifica a camisinha e facilita a penetração, tornando-a mais prazerosa para vocês dois.

Fantasias e ousadias na cama

Este capítulo é polêmico, pois fala de fantasias, ousadias e limites. Para começo de conversa, é bom saber que todo mundo pode ter fantasias, quantas quiser. Se dá ou não para colocar todas em prática, isso é outra história. Algumas podem ser incluídas no repertório sexual com tranquilidade, sendo apenas um ingrediente a mais para o prazer. Já outras requerem maior atenção, e talvez seja melhor deixá-las só na imaginação.

1. Ele só faz sexo tântrico porque diz que rende um baita orgasmo. Devo topar? O tantrismo é uma filosofia milenar indiana de amor e prazer que vê o sexo como um ritual sagrado. Nessa cultura, as mulheres são consideradas divindades, pois conseguem gerar filhos. Isso lhes dá um grande poder: cabe a elas conduzir toda a relação. O sexo tântrico dá ênfase às preliminares. Um de seus principais objetivos é retardar ao máximo o orgasmo e a ejaculação, garantindo assim um prazer mais intenso. Se você estiver a fim de experimentar, por que não? Só lembre que estamos em outra cultura, com costumes e prazeres que podem ser bem diferentes.

2. Ele só transa se eu estiver de salto alto. Precisamos procurar ajuda psicológica por causa disso? Não necessariamente. Se isso não a incomoda, não há mal algum em satisfazer esse desejo erótico.

3. Isso é fetiche? Parece que sim. Fetiche é quando a pessoa se excita com determinadas partes do corpo, como pés, mãos, seios ou outras, ou com certas peças de vestuário, como sapatos de salto alto, roupas de couro, lingeries, máscaras etc. Se a excitação não causa sofrimento aos envolvidos nem extrapola os limites de ninguém, então não há com o que se preocupar.

4. Só consigo transar de roupa. Isso é normal? Esse é o seu jeito. Isso o incomoda? Se sim, procure investigar os motivos que o levam a não conseguir fazer de outra forma. Um psicólogo pode ajudar.

5. Troca de casais é arriscado? Meu marido quer fazer para apimentar nosso casamento, pois já estamos

juntos há muito tempo. É preciso ter muita calma na hora de decidir topar ou não uma ousadia como o suingue, que é a troca de casais. Incluir terceiros na vida amorosa e sexual pode não ser algo tão inofensivo assim. Pode mexer com valores, jeitos de ver a vida a dois, limites e outras coisas mais. Se isso vai apimentar a relação erótica de vocês? Não dá para saber de antemão. Mas é importante que conversem e avaliem bem se querem experimentar esse caminho. Há quem se divirta com a troca de casais, mas também há quem se machuque muito com esse tipo de ousadia sexual.

6. E se eu topar o suingue e me arrepender depois? Esse é um risco que, caso vocês topem, ambos podem correr. Vocês são pessoas adultas e terão de se responsabilizar pelas escolhas que fizerem. Uma dica que sempre dou aos casais: não façam nada que extrapole os limites de cada um. Caso contrário, o que era para ser prazeroso pode acabar virando uma enorme (e talvez irremediável) frustração.

7. Será que vale a pena ir a uma casa de suingue só para ver como é? Vocês é quem decidem. Casas de suingue despertam a curiosidade de muita gente. O que rola lá dentro é sexo, não é mesmo? Quem quiser ir precisa estar preparado para se deparar com isso por todo canto, bem como com flertes e aproximações de outros casais. Afinal, é uma casa cujo foco é a troca de casais.

8. Tenho um amigo que me contou que leva álcool em gel para as casas de suingue e que, assim, tudo bem fazer sexo lá. Ele está certo? O álcool em gel pode ser interessante para higienizar as mãos, por exemplo. Mas só isso não evita as doenças sexualmente transmissíveis. Para evitá-las, só mesmo usando camisinha em todas as práticas sexuais: sexo oral, anal e penetração vaginal. Sempre.

9. Combinamos de ir à casa de suingue e escolhermos quem será o parceiro um do outro. Será que com esse acordo dá certo? Vocês é que vão ter que saber se isso basta para preservar o relacionamento a dois. Não adianta querer topar uma ousadia como a casa de suingue e achar que é uma prática simples. Não é. É algo complexo, que envolve um misto de sentimentos, além de desejos e expectativas dos mais variados. Vale, sim, avaliar bem os limites de cada um antes de se render a esse tipo de prática.

10. Devo aceitar sexo a três? Meu namorado vive insistindo, mas tenho dúvidas se topo ou não. Depende de você. Você quer fazer sexo a três? Ou só vai ceder a um pedido do parceiro? É algo que fere ou não os seus valores? Será que isso vai gerar culpa e arrependimento? Ou não? E mais: está disposta a dividir o parceiro com outra mulher ou com outro homem? E se surgir ciúme? Como pretende lidar com isso? Vai cobrar do parceiro alguma coisa? E se ele cobrar de você? Esse é um bom roteiro de questionamentos internos que você pode fazer para se decidir. Encontre respostas francas para perguntas como essas. Pondere. Avalie seus sentimentos. A decisão cabe exclusivamente a uma única pessoa: você.

11. Dá para evitar o ciúme que esse tipo de prática envolve? Em geral, não. Nem se vocês dois combinarem de ambos darem mais atenção um ao outro. Na hora, dependendo da excitação, esse acordo pode ir facilmente por água abaixo. É preciso estar ciente de que cada um, em certos momentos, vai se dedicar mais a uma pessoa do que à outra. Sexo a três é assim. Quem resolve topar precisa estar ciente disso e pesar bem os prós e contras antes.

12. Sexo a três é tão bom quanto muita gente comenta? É difícil prever se o sexo a três para você será uma experiência boa ou ruim. Algumas pessoas acham que sim, outras, não. Mas cada pessoa é única e terá uma reação única frente às vivências sexuais. Avalie o que foi dito nas questões anteriores. Talvez isso lhe dê pistas para encontrar a sua resposta.

13. Sexo a três é traição? Se ambos concordaram em transar a três, não é traição. Foi consentido. Foi combinado. O problema é que, na hora, as emoções às vezes se alteram e o ciúme acaba complicando as coisas. Se um dá mais atenção ao terceiro integrante, o outro se ressente e acha que está sendo traído bem na sua frente. É, sem dúvida, uma prática ousada e bastante complexa.

14. Se eu topar o sexo a três, o sexo normal perderá a graça? Mesmo que o sexo a três seja uma experiência maravilhosa para você, é improvável que isso tire a graça do sexo a dois. São transas diferentes. A três, por exemplo, o que conta mais é o ingrediente da ousadia e de extrapolar alguns limites. A dois, há mais cumplicidade e troca de afeto.

15. Por que ele insiste tanto nessa ideia de transar com duas mulheres ao mesmo tempo? Transar com duas mulheres ao mesmo tempo é uma das principais fantasias dos homens. Muitos homens pensam que significa prazer em dobro. Também envolve a sensação prazerosa de ser o centro das atenções femininas. Isso mexe com a imaginação masculina. Em alguns casos, há até um desejo de reunir em uma mesma transa duas mulheres que se complementam: por exemplo, a mulher, que é a companheira do dia a dia, e a amante, a parceira de prazeres mais ousados.

16. Na prática, sexo com duas mulheres ao mesmo tempo é realmente incrível? Nem sempre. Na hora, a ansiedade pode atrapalhar o desempenho masculino, prejudicando toda a transa. Há homens que ficam extremamente preocupados com o fato de terem de dar conta de duas mulheres. Pensam: se é difícil satisfazer uma, imagine duas. Preocupações como essa geralmente surtem efeitos desastrosos, como a perda da ereção e a dificuldade de sentir prazer de verdade.

17. Ele adora que outros homens me vejam nua. Por quê? Pode ser o caso de algo chamado exibicionismo: a pessoa se excita com a possibilidade de provocar excitação em outras, seja com o próprio corpo ou com o corpo da parceira ou do parceiro. A situação pode tomar rumos problemáticos se a pessoa passar a vivenciar essa fantasia de forma obrigatória. Ou seja, se apenas se excitar nas situações de exibicionismo. Se isso ocorrer, é conveniente procurar a ajuda de um psicólogo para lidar melhor com a questão. Enquanto for ocasional, apenas como uma forma de apimentar um relacionamento vez ou outra, pode não ser motivo de preocupação. No entanto, você deve, antes de tudo, levar em conta o seu grau de constrangimento e de prazer nessa prática. Quando um não quer, é preciso respeitar isso para que as coisas se mantenham dentro do limite do saudável para ambos.

18. Ele quer me ver transando com outro homem. É errado? As práticas sexuais de um casal, desde que sejam de comum acordo e prazerosas para ambos, não são erradas. Vale sempre pesar bem os prós e os contras para só irem até onde aquela prática não fere física nem emocionalmente nenhum dos dois. Ou seja, cabe ao casal decidir o que deve ou não ser incluído no repertório sexual de vocês.

19. Isso é voyeurismo? Sim. Quando alguém se excita ao observar atos eróticos praticados por outras pessoas, isso recebe o nome de voyeurismo, que é o prazer em espiar.

20. Ainda sou virgem e ele diz que quer que eu tenha minha primeira transa com outro homem. Qual é o problema dele? Não dá para saber. Podemos pensar em algumas hipóteses: talvez ele esteja apenas tentando testá-la, para ver até onde você é capaz de ir ou não. Ou prefira escapar da responsabilidade de ser o homem da sua primeira vez, o que muitas vezes dá medo em relação ao próprio desempenho, como receio de perder a ereção ou ejacular precocemente. Ou talvez não seja nada disso. Converse com ele para saber ao certo. Essa é sempre a melhor forma de esclarecer as coisas. Independentemente disso, vale saber: você é quem deve decidir o que quer ou não fazer na cama. Afinal, a vida é sua.

21. Meu marido curte me dividir com outro homem na cama. Mas um não toca o outro. Ele é bissexual? Essa questão é complicada. Bissexual é quem sente atração erótica por pessoas de ambos os sexos. Esse é o caso do seu marido? Outra pergunta: o que isso muda na sua transa? Se você já pratica sexo a três e se sente confortável com esse tipo de relação, qual é o problema? O fato de determinar com clareza se o comportamento dele é ou não uma característica bissexual não vai interferir em nada. Ou algo lhe incomoda nesse tipo de sexo que vocês têm feito? Se for essa a questão, talvez seja o caso de vocês reverem esse tipo de prática e estipularem alguns limites, independentemente de seu marido ser bissexual ou não.

22. A dupla penetração, anal e vaginal ao mesmo tempo, traz algum risco físico à mulher? Desde que as coisas sejam conduzidas com bastante cuidado, pode não trazer danos físicos. Os envolvidos precisarão ir devagar, confiar bem um no outro para não extrapolar limites e estar preparados para doses de malabarismo na cama.

23. Tenho vontade de usar um vibrador gigante. Causa algum prejuízo físico? A capacidade de dilatação da vagina é grande. Mas é sempre bom ir com calma para não extrapolar nenhum limite e se machucar.

24. Ele quer enfiar o punho dentro da minha vagina, mas tenho medo disso. Será que devo topar? Essa prática recebe o nome de *fisting* e requer um olhar mais atento e cuidadoso, pois foge bem do convencional. A vagina é um órgão bastante elástico, que dobra de tamanho quando a mulher se excita para receber o pênis com prazer e sem dor. Um punho é algo maior e é preciso verificar se o corpo da pessoa suporta mesmo ou não. Mais do que isso: é você quem terá de saber ao certo se quer se render ou não a esse tipo de prática. Avalie bem e só vá até onde os seus limites permitirem.

25. Adoro me masturbar imaginando sexo grupal. Há algum problema nisso? No mundo imaginário das fantasias, tudo é permitido. Mesmo que a fantasia soe como algo incomum, não faz nenhum mal imaginá-la. Realizá-la, no entanto, é outra coisa. Aí é preciso pensar bem antes de tentar. Como em tudo o que se decide na vida, há sempre prós e contras. Mas, como já foi dito nas perguntas anteriores, a decisão final só cabe a você.

26. Gosto de transar com estranhos. Tudo bem? É preciso estar ciente das implicações desse tipo de prazer. Prepare-se sempre para o imprevisível: tanto para o lado bom, quanto para o ruim. Se você não conhece a pessoa com quem vai transar, não dá para ter a mínima noção do que pode ocorrer na cama. Ou seja, é preciso tomar cuidado com a escolha para não se machucar.

27. Gosto de me imaginar transando com um garoto de programa. É errado pensar nisso? Você pode ter a fantasia que quiser. A imaginação é um poderoso estimulante sexual. Colocar em prática é que requer mais cuidado.

28. E se eu quiser fazer sexo pago? Será que devo? Você é quem precisa decidir. Leve em conta que nem todas as fantasias precisam ser colocadas em prática. Algumas funcionam bem apenas na imaginação: excitam, dão um colorido especial ao sexo, agem como um ingrediente extra para o prazer. Colocá-las em prática exige uma boa avaliação: dos prós e dos contras, e também dos limites e das possibilidades.

29. O que as mulheres que já fizeram sexo pago acham disso? As opiniões se dividem. Assim como há quem tenha gostado desse tipo de transa, há quem não tenha se sentido bem com a prática.

30. Tenho ciúme da coleção de revistas pornôs dele. Estou exagerando? Pode ser que sim. Gostar de ver revistas pornôs pode ser apenas um jeito a mais de estimular sexualmente. Como assistir a um filme pornô. Ou ler uma literatura erótica. Isso é bem comum de ocorrer e não precisa ser motivo de preocupação, nem de desentendimentos.

31. Ele gosta de ver filmes pornográficos sozinho. Devo me preocupar? Não há nada de ruim nisso. A não ser que ele se torne um dependente desse tipo de recurso e que não consiga se excitar de outras formas. Caso contrário, essa é só mais uma das maneiras de viver a sexualidade.

32. Sou mulher, gosto de homens, mas fico excitada ao assistir a filmes eróticos de mulheres homossexuais. Sou anormal? De forma alguma. Cada pessoa vê erotismo em uma coisa. Não há nada de errado em você curtir filmes com esse tema.

33. É errado fazer sexo virtual em salas de bate-papo erótico? Eu gosto, mas no final sempre fico culpada. Se você estiver à vontade, não é errado. Se quer fazer esse tipo de sexo, não fique se sentido culpada. Isso só atrapalha o seu prazer.

34. Sexo virtual é traição? Aqui temos uma questão polêmica. Há quem acredite que, se você estiver apenas observando o que rola nesses bate-papos, não é traição, mas se interagir com a outra pessoa, mesmo que por meio de um computador, aí seria traição. Há pessoas que já pensam de forma totalmente diferente. Ou seja, cada um pensa de um jeito, e cada casal é que deve discutir isso e fazer seus acordos quanto ao que considera ou não traição.

35. O que é sadismo? É o prazer em causar dor ou qualquer tipo de sofrimento físico ou emocional.

36. E masoquismo? É o prazer em sentir dor ou qualquer tipo de sofrimento físico ou emocional. Sadomasoquismo seria o prazer em sentir e causar esse tipo de sofrimento.

37. Uma amiga me contou que leu um romance erótico sobre sadomasoquismo e adorou. Podemos fazer igual ao livro? No campo da literatura, das artes e da ficção, tudo pode ocorrer. Já no mundo real, é outra história. Tudo vai depender do grau de cada prática sexual: na cama só devemos ir até onde aquilo não nos fira física nem emocionalmente, nem fira a pessoa que está ao nosso lado. Respeitar esses limites deixa tudo no campo do saudável, responsável e verdadeiramente prazeroso.

38. E quem não consegue respeitar esse tipo de limite e acaba se machucando demais? Quando alguma prática sexual está fugindo ao controle e trazendo sofrimento físico ou emocional, isso requer atenção, cuidado e talvez até mesmo tratamento. Nesses casos, vale procurar a ajuda de especialistas como o psicólogo, para falar sobre as questões emocionais, e o médico psiquiatra, que talvez prescreva alguma medicação para ajudar no tratamento que for necessário.

39. Ele só fica excitado com ousadias como o sadomasoquismo, mas eu, não. Devo ceder aos pedidos dele? Se isso a incomoda, não faça. Há pessoas que se sentem bem ao viver relações sadomasoquistas. Para outras, isso provoca culpa, arrependimento e danos emocionais. É tudo uma questão de realmente desejar entrar ou não nesse jogo. Ceder só para agradar o outro jamais pode ser considerada a melhor opção.

40. Ele tem um tesão estranho: uma mulher pisoteando de leve o abdome. Isso é uma doença? Não é necessariamente uma doença, mas um desvio sexual: esse é o nome que se dá quando a pessoa tem prazer em situações pouco comuns. É um caso típico de práticas sadomasoquistas, que envolvem o prazer relacionado ao fato de provocar e de sentir dor. Tudo bem topar isso? Vai depender de cada pessoa: só vale aceitar se forem práticas de comum acordo, quer dizer, prazerosas para ambos, e que não agridam nem ao físico nem ao emocional das pessoas que dela participam.

41. Ele sente um enorme prazer se aperto seus testículos até doer. Ele é normal? É um caso parecido com o da pergunta anterior, do prazer associado à dor. Quem gosta de sentir dor é considerado masoquista. Quem gosta de proporcioná-la é o sádico. Os que curtem tanto uma coisa como a outra são os sadomasoquistas. No caso do seu parceiro, isso pode ser apenas uma preferência incomum. Se isso traz ou não risco para os genitais dele, vai depender da frequência com que a atividade é praticada e da intensidade da pressão. É sempre aconselhável uma visita periódica a um médico urologista para avaliar a saúde sexual como um todo.

42. Ele me xinga na cama e acha excitante. Não sei, não. Será que aceito ou brigo com ele? Depende de você. Você gostaria de topar esse tipo de estimulação erótica? Se você quer, tudo bem. Caso contrário, melhor não ultrapassar o seu limite. Na cama, vale ir apenas até onde você achar que deve.

43. Ele quer dar tapas no meu bumbum. Deixo ou não? Esse tipo de jogo erótico pode ser excitante, mas é você quem deve decidir se quer ou não incluí-lo no seu repertório sexual. Isso lhe dá prazer? Ou lhe incomoda de alguma forma? Responda a essas perguntas antes de se decidir. Avalie, também, outro ponto importante: a intensidade desses tapas. É moderada ou forte? Até onde você quer topar? Combine tudo isso com o parceiro antes de partir para a ação. Lembre-se de que, para o jogo erótico ser prazeroso, é preciso que tanto ele quanto você estejam a fim de participar. Assim não há problema.

44. Ele pediu que eu o asfixiasse na cama. Será que tem algum problema psicológico? A chamada asfixia sexual é uma prática de grande risco, embora seus praticantes afirmem que essa diminuição da oxigenação aumenta o prazer erótico. Essa relação pode fugir ao controle e levar até mesmo à morte. Curtir esse tipo de prazer não é comum e requer um olhar mais detalhado. Vale marcar uma visita ao psicólogo ou ao médico psiquiatra para verificar a necessidade de um tratamento.

45. Ele quer que eu fique imóvel durante a transa, de olhos fechados, como se estivesse morta. Devo topar? Essa é uma preferência sexual bem fora do convencional. É possível que ele seja portador de um tipo de perversão, talvez ainda brando: a necrofilia, que é o interesse erótico por cadáveres. Existem casos em que os praticantes de necrofilia, ao não conseguirem realizá-la plenamente, convencem a parceira a simular a morte com a imobilidade. Isso, às vezes, é acompanhado de outro estranho pedido: que a mulher tome um banho frio, para a temperatura corporal baixar. Necrofilia é caso de tratamento. O melhor a fazer é buscar a ajuda de um psicólogo e de um médico psiquiatra. Vale lembrar: esse tipo de contato com cadáver é crime.

46. O que é exatamente uma perversão? Comece entendendo o que significa desvio: é quando o objeto de desejo ou a prática sexual foge do convencional. Mas o desvio não chega a causar danos à saúde física ou emocional dos praticantes, desde que consentido por todos os envolvidos na relação. Já a perversão é uma atitude extrema, que causa graves prejuízos físicos e emocionais para os envolvidos nessa história. Para entender melhor: gostar de dar leves tapas no bumbum, por exemplo, é um desvio; sentir prazer em usar objetos que ferem gravemente uma pessoa é uma perversão.

47. Meu novo namorado urinou em cima de mim. Levei um susto. Ele disse que gosta de fazer isso durante o sexo. O que é isso? É uma prática que foge ao convencional. Há pessoas que sentem prazer na hora do sexo ao urinar, ver alguém urinando ou apenas ouvir o ato. Mas vale a regra de sempre, que mencionamos bastante nas questões anteriores: se essa prática a incomoda, não aceite participar dela. Na cama a pessoa só deve ir até onde aquela prática não a fira física nem emocionalmente, nem fira quem está ao lado.

48. Ele morre de tesão por grávidas. Parece que só se excita com isso. Quando transa comigo, pensa numa grávida. Isso é normal? Se o desejo está sempre condicionado à condição de gravidez, até mesmo nas fantasias sexuais, ele possivelmente está com alguma dificuldade que requer tratamento. Em casos assim, vale buscar a ajuda de um psicólogo.

49. Ele sente desejo sexual pela própria irmã. O que faz um homem ter esse tipo de atração? O incesto é uma prática condenada em quase todas as sociedades. Talvez seja justamente esse fato de ser culturalmente proibido que o torna, para alguns, excitante. Manifestar esse tipo de interesse sexual é indício de que algo está mal direcionado na sexualidade. Nesses casos, buscar a ajuda de um psicólogo pode ser a melhor opção.

50. Ele teve uma ereção quando nossa filha de 5 anos esbarrou no pênis dele sem querer. Ele é doente? Isso pode ter sido apenas uma resposta involuntária do corpo masculino a um estímulo. Não quer dizer necessariamente que sinta tesão por crianças e que queira transar com elas.

51. Pedofilia é crime? Sim. Não só é crime como é um ato que pode gerar feridas emocionais profundas nas crianças, nos pré-adolescentes e nos adolescentes que são vítimas desse tipo de prática. A pedofilia se caracteriza pela atração sexual por crianças, pré-adolescentes ou adolescentes. Vai desde atos obscenos até a relação sexual propriamente dita. E pode ser algo presencial ou via internet. Uma das características de quem recorre a essa prática é o fato de reproduzir algo que viveu na infância ou na adolescência: a pessoa foi vítima do pai ou da mãe, de um tio ou de uma tia, do avô, da babá etc. É preciso procurar ajuda psicológica.

52. É verdade que em algumas culturas as crianças transam com adultos? Certas culturas, como em algumas regiões da Índia e da Nova Guiné, aceitam a prática de pedofilia. Mas isso é raro. São hábitos culturais muito diferentes dos nossos. Não dá para usar isso como desculpa para praticar pedofilia. Nos nossos padrões, é uma visão distorcida da sexualidade. É crime. O melhor é buscar a ajuda de especialistas, como um psicólogo ou um médico psiquiatra.

53. Tenho um amigo que já transou com animais. É doença? Essa prática é chamada de zoofilia. Não chega necessariamente a ser uma doença, mas, sim, uma maneira de obter prazer que foge ao convencional. O melhor seria repensar essa prática.

54. Um amigo me contou que nas regiões de fazenda é comum a iniciação sexual com animais. Tudo bem fazer isso? Será que tudo bem mesmo? Ou talvez tenha chegado o momento em que seja realmente importante rever esse tipo de prática, ainda que por muito tempo tenha sido comum nas regiões de fazenda? Talvez esteja mais do que na hora de mudarmos esse tipo de costume para algo mais saudável e que respeite mais os limites. Não seria melhor a pessoa se iniciar sexualmente com alguém especial, em um momento que se sentir madura e preparada para a prática sexual?

55. Tenho vontade de transar várias vezes durante o dia. Sou viciada em sexo? Só por você sentir vontade não quer dizer que isso seja um vício. Pelo contrário: pode ser uma forma saudável de lidar com a sua sexualidade.

56. Todo dia me masturbo seis, sete, oito vezes. Quer dizer que sou compulsiva? Depende. É importante levar em conta que, em algumas fases da vida, como na adolescência ou no começo da vida sexual, é natural uma frequência grande de masturbação. É um período de descobertas, que após algum tempo acaba passando. Para saber melhor, avalie as questões levantadas nas perguntas anteriores. Ou procure um psicólogo para uma investigação mais aprofundada.

57. Como é exatamente o vício por sexo? É algo que tortura e angustia muito. O compulsivo sexual passa o dia inteiro procurando uma forma de saciar a vontade de sexo. Tudo o que a pessoa faz é em função do sexo: passa o dia inteiro planejando e buscando jeitos de transar. Mas a pessoa nunca fica satisfeita, mesmo após várias relações. Como o sexo não sai da cabeça, não consegue desenvolver nenhuma outra atividade de maneira satisfatória. Não se concentra no trabalho, não se relaciona direito com pessoas com as quais não vê possibilidade de sexo, entre outras dificuldades. Ou seja, a vida gira em torno da busca incessante de prazer sexual.

58. O vício por sexo é como qualquer tipo de vício? Sim. É como, por exemplo, o vício por álcool, drogas, jogo, compras. Requer tratamento, especialmente com o médico psiquiatra, para prescrever medicações necessárias na luta contra o vício, e o psicólogo, para tratar das questões emocionais, entre outros profissionais.

Homossexualidade e bissexualidade

"Será que ele é?" "Será que eu sou?" Essas dúvidas incomodam grande parte das mulheres e dos homens. E se você for homossexual? Ou bissexual? Será que há mesmo algum problema?

1. Tive uma relação homossexual na adolescência. Isso significa que sou gay? Há uma grande diferença entre experimentação e comportamento frequente. Se você não sente atração por pessoas do mesmo sexo, não significa que virou homossexual só porque experimentou esse tipo de relação.

2. Gosto de homens, mas ver o corpo de outras mulheres me excita muito. Sou bissexual? Se você sente atração erótica por ambos os sexos, então você é bissexual. Isso não tem nada de errado ou de anormal: é apenas uma das maneiras de sentir desejo.

3. Tenho namorado. Se eu apenas desejar uma amiga minha, mas não transar com ela, mesmo assim significa que sou bi? É muito provável que sim. Não é necessário que a relação sexual se concretize para significar que a pessoa é bissexual. Basta ter desejo.

4. Gosto de assistir a filmes de mulheres transando entre si. O que é isso? Pode ser apenas uma fantasia erótica. Não tem nada de mais.

5. Namoro um homem que amo, mas estava na casa da minha melhor amiga e acabamos fazendo sexo. E agora? Se o que a preocupa é saber se virou ou não bissexual, vale lembrar: experimentar é uma coisa, comportamento frequente é outra. Se há desejo para mais, pode ser que você seja, sim, bissexual. Caso contrário, pode ter sido apenas uma experimentação.

6. Posso trazer uma mulher para a transa com meu namorado? Ou assim vou me tornar lésbica? É impossível fazer uma previsão. Depende de quanto você curtir e sentir desejo pela pessoa do mesmo sexo. Mas o que você precisa mesmo levar em conta é o seguinte: a relação a três pode despertar ciúme, como falamos em questões do capítulo anterior. Esse é um dos principais pontos a avaliar antes de se decidir.

7. O que leva uma pessoa a ser homo ou bissexual? Cada um é único: nasceu com um jeito único e teve uma história única de vida. Tudo isso junto é que determinará, a partir do empurrão hormonal da pré-adolescência, se vai sentir desejo por alguém do sexo oposto (e assim ser heterossexual), ou do mesmo sexo (e ser homossexual), ou por pessoas de ambos os sexos (e ser bissexual). Vale lembrar: não há nada de errado em nenhum desses jeitos de viver a sexualidade.

8. Homossexualidade não é doença? De jeito nenhum. Trata-se apenas da maneira como cada um sente atração erótica.

9. Dá para deixar de ser homo ou bissexual? Não há como mandar no nosso desejo. O que dá para decidir é o que fazer com ele. Por exemplo, há quem opte por não viver a homossexualidade e ter relacionamentos heterossexuais. Outros já fazem diferente e respeitam o que a sua essência pede. Cada pessoa é que deve saber o que fazer com a própria vida. Isso deve ser respeitado por ela e por todos ao redor.

10. É melhor sair do armário ou ficar nele? Revelar-se homossexual ou não é uma decisão pessoal. Cada um deve pesar seus prós e contras e decidir o que considera melhor para si mesmo.

11. Eu me sinto culpada por ser bissexual. O que faço? A primeira coisa é entender que não há razão para culpa. Bissexualidade não é doença nem algo errado. É apenas uma maneira de viver a sexualidade. Procure parar de se culpar tanto. Não faz bem se torturar dessa forma.

12. Ele se masturba acariciando o ânus. É gay? Ter prazer com carícias anais não significa homossexualidade. Acreditar que uma coisa está ligada à outra é uma visão equivocada da sexualidade. Homossexual é quem sente desejo por alguém do mesmo sexo. Sentir prazer na região do ânus é algo que pode ocorrer tanto com pessoas homo e bissexuais quanto heterossexuais.

13. E se ele quiser que eu introduza um vibrador em seu ânus? Tanto a mulher quanto o homem podem ter como zona erógena a região anal. O que ocorre é que nossa cultura, muito preconceituosa, associa indevidamente prazer anal com homossexualidade masculina. O fato de o homem se excitar com toques na região anal não tem nada de anormal, nem é sinal de homossexualidade. Como falamos em questões anteriores, homossexual é aquela pessoa que se sente atraído por outra do mesmo sexo, e não necessariamente quem sente excitação nessa ou naquela parte do próprio corpo.

14. Descobri que ele participava de masturbações masculinas coletivas na adolescência. O que devo concluir dessa história? Ele é gay ou não? Costuma ser comum os adolescentes fazerem experiências sexuais com outros do mesmo sexo. Mas, em muitos casos, para por aí. É apenas uma fase de experimentações. Não é suficiente para determinar a homo ou bissexualidade. Isso só se determina se, ao longo dos tempos, a pessoa sentir desejo erótico por alguém do mesmo sexo. Ou por ambos os sexos.

15. Ele estava bêbado e dormiu com um homem. Virou homossexual? O fato de ter vivenciado essa experiência não significa, em si, que ele seja ou tenha se descoberto gay. Se ele não tem desejo de repetir a experiência, isso não é o suficiente para dizer que ele é homossexual.

16. Ele faz a parte ativa da transa. É ou não gay? Não importa que tipo de sexo ele faz nem qual papel desempenha na cama. O que conta para determinar a homossexualidade é se ele se estimula eroticamente com pessoas do mesmo sexo.

17. Morro de vontade de transar com alguém do mesmo sexo. Experimento ou não? Essa é mais uma questão em que não há como opinar. Só você pode decidir. Não há mal algum em experimentar, desde que você realmente esteja disposto a isso.

18. Tenho namorada, mas estou tendo desejo de fazer umas coisas eróticas com um amigo. Sou bissexual? Pode ser que sim. Sentir atração erótica por ambos os sexos é uma característica de bissexualidade. Se você deve ou não exercê-la é outra história. Só você mesmo pode dar essa resposta.

19. Senti vontade de me masturbar pensando numa transa de mulheres. Sou bissexual? Só o desejo de se excitar com cenas eróticas que envolvem mulheres não é suficiente para determinar se você é bissexual ou não. A bissexualidade se revela quando há mais que a imaginação envolvida: e sim um desejo erótico por pessoas de ambos os sexos, como falamos em questões anteriores.

20. Tenho medo de me permitir experimentar e me arrepender. Será que isso vai acontecer? Não dá para saber de antemão se você vai se arrepender ou não. O que dá para avaliar é quanto você está realmente a fim de experimentar a prática homossexual. Se decidir que quer mesmo, lembre-se de que não há mal algum nisso: em apenas experimentar uma transa gay, e muito menos em ser homo ou bissexual.

A gravidez, a prevenção e o sexo

A vida sexual na gravidez se complica, mas não é por isso que precisa ser deixada de lado. Pelo contrário: quem a mantém ativa talvez viva um período muito mais feliz. E para quem não quer engravidar? Há diversos métodos para evitar, e com certeza um deles cairá como uma luva para você.

1. Posso transar grávida ou isso machuca o bebê? A penetração peniana não machuca o bebê, de jeito nenhum. É impossível que o pênis atinja o feto, nem se a penetração vaginal for muito profunda. O bebê está muito bem protegido dentro do útero.

2. O orgasmo acelera o parto e provoca aborto? Não. As contrações uterinas que ocorrem quando a mulher atinge o clímax não são suficientes para provocar aborto. No entanto, se a mulher já estiver sentindo contrações uterinas antes do ato sexual, aí, sim, podem se tornar mais intensas com o orgasmo.

3. E o esperma? A ejaculação dentro da vagina causa algum problema? Há uma crença de que as substâncias presentes no esperma são capazes de causar contrações uterinas e induzir o aborto. Isso não ocorre. É um mito.

4. Em quais casos a grávida está proibida de transar? Só se a gravidez for de risco. Caso contrário, está liberada para o sexo, desde que sinta desejo e queira viver a prática sexual.

5. É natural que o desejo da mulher diminua durante a gravidez? Nem sempre. Há mulheres que têm aumento de desejo. Outras apresentam queda. Isso é determinado principalmente por fatores emocionais. Tem muito a ver com a ansiedade e a autoestima. Algumas grávidas se sentem poderosas pelo fato de serem capazes de gerar uma vida. Isso interfere diretamente no desejo, deixando-as mais interessadas na busca pelo prazer sexual. Outras, no entanto, se sentem frágeis, ansiosas, preocupadas e inseguras em relação ao futuro. Ou até mesmo incomodadas com a aparência. E isso tudo pode atrapalhar o desejo sexual.

6. É verdade que o desejo feminino acaba depois do parto? Pode ser que ocorra uma diminuição temporária do desejo, principalmente se a mulher estiver amamentando. Isso ocorre não só por alterações hormonais características dessa fase, mas o fator emocional também conta: a mulher está mais sensível, mais preocupada e voltada para sua nova condição de mãe.

7. Desde que engravidei, ele perdeu o desejo sexual. Por quê? Há homens que relacionam maternidade a um momento em que não há espaço para o sexo ou no qual o sexo seria algo errado. Isso é uma bobagem. Se o casal estiver a fim e a gravidez não for de risco, é possível viver o prazer sexual durante todo o período.

8. Está mais difícil chegar ao orgasmo com a gravidez. Isso é normal? Sim. Pode ocorrer por questões emocionais, como o aumento da ansiedade, e físicas, como o surgimento de dor na hora da penetração, por exemplo.

9. Passei a sentir dor na penetração e no começo da gravidez não sentia. Qual o motivo? Pode ser uma consequência das alterações que ocorrem na região pélvica. Nos primeiros meses, a vagina se incha e o canal diminui. No segundo trimestre, há um aumento de lubrificação pélvica, o que facilita a penetração. Já nos últimos três meses a situação volta a se complicar: a vagina fica mais curta e o pênis costuma tocar o colo do útero, o que pode provocar um incômodo. Há casos, porém, em que a dor na penetração tem fundo emocional: a mulher está tensa e não consegue relaxar. Com isso, ela não se excita o suficiente para que o sexo seja prazeroso. Em alguns casos, a mulher fica tão tensa que contrai involuntariamente os músculos vaginais na hora da relação, o que dificulta a penetração e provoca dor.

10. Qual é a melhor posição para o sexo durante a gravidez? Varia de acordo com o conforto de cada grávida. Em geral, as melhores posições são as que deixam a barriga livre, ou apoiada de alguma maneira, como na posição em que o casal se deita de lado e a mulher fica na frente do parceiro.

11. Parto natural alarga a vagina? Isso é mito. Após o parto, o corpo feminino costuma voltar naturalmente e aos poucos ao seu estado de antes da gravidez.

12. Depois que o bebê nasce, quando posso voltar a transar? Em geral, a mulher pode retomar o sexo vaginal após três ou quatro semanas, de acordo com os médicos. Nada impede, no entanto, que o casal busque desde o primeiro momento outras formas de satisfação sexual, como masturbação mútua ou sexo oral.

13. Qual retomada sexual é mais difícil: após o parto normal ou a cesariana? Tudo vai depender das condições do pós-operatório. Na prática, tanto para o parto normal quanto para a cesariana é necessário aguardar a cicatrização interna, o que leva de três a quatro semanas.

14. Tive um aborto e fiz curetagem. Quando estarei liberada para o sexo? A curetagem consiste na raspagem interna do útero com uma espécie de colher de cabo longo, a cureta. Não há cortes nem pontos. Ou seja, não é preciso esperar um período para a cicatrização e a mulher está logo liberada para o sexo.

15. Posso engravidar enquanto estou amamentando? Sim. Veja com o seu médico ginecologista qual método ele lhe recomenda para evitar a gravidez. Em geral, é indicada uma pílula anticoncepcional específica para essa fase da amamentação.

16. E durante a menstruação? A menstruação sinaliza o final de um ciclo e o início de outro, e há um espaço de vários dias para que ocorra o processo de amadurecimento de um óvulo, necessário à fecundação. Ou seja, para mulheres de ciclo regular, o período da menstruação é livre do risco de engravidar.

17. O período fértil pode mudar de mulher para mulher? O período fértil costuma durar mais ou menos uma semana. É o dia da ovulação, mais os três dias que a antecedem e os três dias que a sucedem.

18. Em que casos a tabelinha funciona? Apenas em mulheres cujo ciclo menstrual não varia. Ou seja, quando a menstruação vem pontualmente após um número invariável de dias.

19. Como é feita? O primeiro passo é descobrir quantos dias compõem exatamente o seu ciclo. A partir daí, você calcula o dia de início da próxima menstruação, metade dos dias do seu ciclo e encontra o dia provável da ovulação. Para ter uma margem de segurança, recomenda-se que não ocorram relações nos três dias antes nem nos três depois do dia da ovulação. Ou seja, durante uma semana. Esse é o chamado período fértil. Porém, se a duração do ciclo menstrual variar, o que pode ocorrer de repente por fatores emocionais ou físicos, o método falha. Nesse caso, o dia provável da ovulação se altera, o que invalida a tabelinha.

20. Qual é o método mais seguro para evitar a gravidez? De acordo com os médicos ginecologistas, o melhor método é aliar a pílula anticoncepcional ao uso de camisinha, o que protege também contra as doenças sexualmente transmissíveis. Vale lembrar que para cada mulher há uma pílula mais adequada. Só o médico pode indicar qual é a melhor para você.

21. Posso engravidar tomando pílula? Tenho uma amiga que engravidou assim. Se você tomar corretamente, não. O que provoca falhas é a utilização incorreta do método ao longo do mês. Um dos principais erros: se esquecer de tomar uma pílula. Quando isso ocorre, você deve tomá-la assim que lembrar. Mas só vale se você esqueceu apenas uma. Ao esquecer duas ou mais, o método perde a eficácia.

22. E no intervalo entre uma cartela e outra? Não. Nesse período, não há riscos de gravidez.

23. A pílula do dia seguinte funciona mesmo? Só funciona se for tomada até no máximo 72 horas após o sexo. Quanto mais cedo, maior a eficácia do método.

24. Posso substituir o anticoncepcional que se toma todo dia pela pílula do dia seguinte? Não. A pílula do dia seguinte não é um método que deve ser usado rotineiramente. É recomendada apenas em situações emergenciais, quando a camisinha se rompe ou se a mulher é vítima de estupro, por exemplo. Se usada com frequência, pode ser prejudicial ao organismo, pois é uma grande dosagem hormonal.

25. O que é melhor: injeção anticoncepcional ou pílula? Isso depende da sua adaptação a cada método. A eficácia é a mesma. Há mulheres que preferem o anticoncepcional oral porque já estão habituadas a esse método. Outras se adaptam melhor à injeção. Uma vantagem em relação à pílula é que a mulher toma a injeção apenas uma vez por mês ou a cada três meses. Nos dois métodos, no entanto, há o risco de esquecer a próxima dose, o que prejudica a eficácia.

26. A pílula pode inibir o desejo feminino? Talvez. Cerca de 20% das mulheres apresentam baixa de desejo com o uso de anticoncepcionais orais. Essa reação não é uniforme: para algumas mulheres o sexo fica melhor depois que começam a tomar pílula, pois se sentem mais seguras quanto ao risco de gravidez. Uma saída para quem está enfrentando baixa de desejo talvez seja procurar o ginecologista para trocar o método contraceptivo. Ou a marca de anticoncepcional. Há uma infinidade de pílulas no mercado, com dosagens diferentes de hormônio, que podem gerar mais ou menos efeitos colaterais.

27. Lavar a vagina com o chuveirinho do banheiro depois da transa evita a gravidez? Não. Isso é mito.

O espermatozoide tem condições de alcançar o canal do colo do útero em questão de segundos, tornando inútil essa lavagem vaginal.

28. Posso engravidar se ele tirar o pênis da vagina antes de ejacular? Sim. Durante a excitação há a possibilidade de sair do pênis um pouco de líquido lubrificante que já pode conter espermatozoides e ser suficiente para engravidá-la.

29. E se não houver penetração e ele gozar perto dos grandes lábios? Isso é raro, mas não é impossível. Os espermatozoides morrem em poucos minutos após a ejaculação caso não alcancem o canal do colo uterino. De qualquer forma, o melhor é evitar a ejaculação próximo à vagina.

30. O homem continua ejaculando após a vasectomia? Sim, porém sem espermatozoides. Mas isso não quer dizer que vai sair menos esperma do pênis. O esperma é composto principalmente de secreções da próstata e das vesículas seminais. Elas correspondem a 99% do líquido ejaculado. Apenas cerca de 1% desse líquido é composto por espermatozoides.

31. A vasectomia é um método eficiente? Sim. Nessa cirurgia, os canais deferentes, que levam os espermatozoides dos testículos até a uretra, são cortados. Ou seja, os espermatozoides não têm como chegar ao canal da uretra, de onde seriam ejaculados. Portanto, são absorvidos pelo organismo, sem danos à saúde do homem.

32. Dá mesmo para reverter? Na maioria das vezes, sim. Isso se a reversão for feita em até cinco anos após a vasectomia. Passado esse período, os espermatozoides podem perder a qualidade: ao ficarem represados por muito tempo, perdem a rapidez e a mobilidade, o que atrapalha a capacidade de fertilizar o óvulo.

33. Laqueadura ainda é recomendável? É um método eficaz, porém mais radical e muito mais usado no passado do que na atualidade. Com tantos métodos eficientes disponíveis, talvez o melhor seja deixar a laqueadura como última opção.

34. É verdade que posso engravidar com DIU? O DIU, dispositivo intrauterino, pode falhar se sair do lugar, por exemplo. Ele é um pequeno dispositivo que libera hormônios ou íons de cobre no organismo da mulher. Isso impede a fertilização do óvulo ou sua implantação no útero. O dispositivo é inserido no útero pelo ginecologista e é necessária uma visita periódica ao médico para que ele verifique se o DIU está bem posicionado.

35. Como escolher o melhor método contraceptivo para mim? Você tem que levar em conta a eficácia do método, as reações colaterais no seu corpo e a sua disponibilidade para utilizá-lo corretamente. O ginecologista é a pessoa mais indicada para ajudá-la a avaliar tudo isso.

As doenças sexualmente transmissíveis

"Em mim, não pega." Grande parte das pessoas que se descobrem, de repente, com uma doença sexualmente transmissível pensava exatamente dessa maneira. Não há saída: é preciso usar camisinha em todas as práticas sexuais: sexo oral, anal e penetração vaginal. Quem não usa corre, sim, o risco de se contaminar.

1. Qualquer tipo de sexo pode transmitir aids? Sim. O risco é maior no contato do pênis com o ânus. Em seguida, vem a penetração vaginal. Por último, o sexo oral: o risco é pequeno com essa prática sexual, mas existe e não pode ser ignorado. Por isso, deve-se usar camisinha em todas as práticas sexuais.

2. E masturbação a dois, está liberada sem camisinha? Está, sim. Só requer atenção caso haja lesões na pele de quem está tocando os genitais do parceiro ou da parceira: em contato com o sangue ou com o esperma contaminado, essas lesões podem ser portas de entrada para vírus e bactérias.

3. Posso pegar aids dando um beijo de língua? Em geral, o beijo na boca está liberado, segundo os infectologistas: dessa forma não há risco de se infectar com o vírus HIV. No entanto, os médicos alertam que lesões são sempre portas de entrada para vírus e bactérias, em qualquer parte do corpo, e quando há machucados na boca é importante evitar o contato.

4. Ele e eu temos aids. Precisamos usar camisinha? Sim. Embora pareça desnecessário, o uso do preservativo é fundamental para não aumentar a carga viral de cada um de vocês.

5. Usar camisinha é mesmo o único jeito de se prevenir contra a aids? É, sim, mas é preciso ter outras práticas saudáveis também, como manter hábitos de higiene e ir ao médico ginecologista ou ao urologista pelo menos uma vez ao ano a fim de checar como anda a saúde sexual e tratar o que for necessário.

6. É mito ou verdade que as outras doenças sexualmente transmissíveis facilitam o aparecimento da aids? É verdade. As DST cujos sintomas são feridas e lesões, como herpes, servem de portas de entrada gigantescas para o vírus da aids.

7. Para o sexo oral na mulher, usa-se o quê? A camisinha feminina é a melhor indicação: ela deve ser inserida na vagina e acomodada no fundo do canal vaginal, e o aro em que há a abertura da camisinha feminina deve ficar cerca de dois centímetros para fora do orifício vaginal, recobrindo os lábios. Assim é mais seguro fazer sexo oral na mulher, segundo os médicos.

8. Fazer sexo oral na mulher de camisinha feminina é uma coisa impensável para mim. Tem outro jeito de fazer de forma segura? Há um método que era bastante usado antes do surgimento da camisinha feminina: utilizar um pedaço daquele filme plástico de embalar alimentos para, digamos, embalar a região da vagina que receberá o sexo oral. É engraçado fazer isso, mas é uma alternativa ao uso da camisinha feminina para o sexo oral na mulher.

9. Se uma mulher tiver aids e eu fizer sexo oral nela, quais são as minhas chances de pegar o vírus? A possibilidade de transmissão de vírus é menor do que com outras práticas, como sexo anal ou vaginal. Mas existe. E você precisa se prevenir: a mulher deve usar camisinha feminina para receber sexo oral.

10. Fiz sexo oral com uma mulher menstruada. Posso ter contraído aids mesmo com ela usando absorvente

interno? O fato de ela usar ou não absorvente interno não aumenta nem diminui a probabilidade dessa transmissão. Já o contato com o sangue, sim: isso aumenta o risco de infecção com o vírus HIV. O que garante a proteção, como falamos nas questões anteriores, é o uso da camisinha feminina durante o sexo oral na mulher.

11. Tenho uma amiga que ouviu dizer que esperma faz bem para a pele. Mito ou verdade? Mito. E dos grandes. O que faz bem para a pele são produtos específicos para o seu cuidado, e não o esperma.

12. Posso fazer sexo oral nele e, na hora da ejaculação, não ter contato com o esperma? Isso me protege da aids? Não. O que protege é usar camisinha durante toda a prática do sexo oral no homem. O contato com secreções do pênis pode transmitir não só aids, mas também outras doenças.

13. Esperma transmite aids mesmo ou é mito? Transmite, sim! O esperma pode ser um grande transmissor de bactérias e vírus, especialmente o vírus da aids. Impedir o contato com o esperma é a atitude mais acertada para evitar contaminações.

14. Uma amiga minha quer saber como não se pega aids. Aids não se pega, por exemplo, com abraço, afago, carinho, aperto de mão, troca de afeto. Nem ao compartilhar talheres, copos e lençóis. Aids se pega com sexo sem camisinha, além do contato com sangue e secreções contaminados pelo HIV, o vírus da aids.

15. Surgiu algo parecido com uma verruga na minha vagina. O que é? Essa verruga é sintoma da doença sexualmente transmissível que tem aparecido com mais frequência nas mulheres: o papiloma vírus humano (HPV). Surge na região pélvica feminina e também na masculina. Porém, nos homens costumam aparecer lesões que não são visíveis a olho nu, o que faz com que a doença passe despercebida em muitos casos. As mulheres também correm o risco de não perceber o HPV: há casos em que as verrugas surgem apenas na parte interna, como no canal vaginal ou no colo do útero.

16. É verdade que posso ter HPV na garganta? Sim. É raro, mas pode ocorrer. As verrugas podem surgir na garganta como consequência do sexo oral sem preservativo.

17. A verruga não me incomoda. Posso deixar para lá? Melhor verificar isso com o seu médico ginecologista. Ele vai dizer qual o tratamento mais indicado. Seu parceiro precisa ir ao médico urologista, para verificar se ele também tem o vírus e tratar. É importante cuidar do HPV, pois ele pode facilitar o aparecimento de doenças mais graves, como o câncer de colo do útero, de pênis e de garganta.

18. Como é feito o tratamento? A primeira coisa é remover as verrugas, em geral por meio da aplicação de substâncias químicas. Porém, isso não garante que o vírus tenha sido completamente erradicado do organismo. As verrugas podem ressurgir em momentos de baixa resistência do corpo. Nos homens, cujas lesões não costumam ser visíveis, o tratamento muitas vezes é feito à base de cremes e pomadas.

19. Podemos continuar fazendo sexo, mesmo com HPV? Claro que podem, mas usando camisinha em todas as práticas sexuais: sexo oral, anal e penetração vaginal.

20. E se ele não apresentar lesões? Mesmo assim é preciso usar camisinha? Claro que sim. Se o vírus está no organismo, há sempre a possibilidade de contaminação, mesmo sem a existência de lesões visíveis a olho nu.

21. Uma amiga me disse que existe vacina contra HPV, mas só para as adolescentes. Verdade? A vacina contra HPV é mais eficaz quando a pessoa nunca teve contato com o vírus. Ou seja, antes de iniciar a vida sexual seria o momento mais adequado para a vacinação. No Brasil, é fornecida gratuitamente para meninas por volta dos 11 anos. Já nas clínicas particulares, é possível vacinar as pré-adolescentes e as adolescentes de qualquer idade.

22. Para os meninos, a vacina contra HPV não faz efeito? Faz, sim. Eles também deveriam ser vacinados, só que no Brasil a vacinação gratuita é apenas para meninas. Mas é possível vacinar os pré-adolescentes e os adolescentes em clínicas particulares.

23. HPV tem cura? Melhor dizer que é uma doença sexualmente transmissível que tem controle. Mas é preciso ter paciência, pois o vírus demora a sair do organismo: leva em média de dois a três anos. Há estudos que comprovam que, em alguns casos, o vírus é tão resistente que sobrevive dez, quinze anos no corpo. E, em fases de baixa resistência do corpo, as verrugas e lesões podem voltar a surgir.

24. Os exames revelaram que o vírus sumiu, só que a verruga do HPV voltou a aparecer. Por quê? O que os exames são capazes de revelar é que, por exemplo, não foram encontrados vírus no local pesquisado, como no colo do útero, na uretra e em outros pontos. No entanto, o vírus pode estar no organismo, escondido, incubado.

25. Se eu tiver HPV, quer dizer que terei câncer onde surgiram as verrugas? Não é assim tão diretamente que as coisas acontecem. O HPV não tratado, ao longo do tempo, pode favorecer o aparecimento de câncer, especialmente no colo do útero e no pênis, mas também na garganta e em outros locais, segundo os médicos. Ou seja, ninguém precisa se desesperar se pegou HPV: basta ir ao médico ginecologista ou urologista para tratar.

26. Como se pega herpes labial? É só com beijo? Na maioria das vezes, sim. Porém, há casos de aparecimento de herpes labial na região pélvica, tanto do homem quanto da mulher. A transmissão é feita por meio do sexo oral sem preservativo. Isso ocorre geralmente em períodos em que se manifestam os sintomas da doença, que são bolinhas ou feridas na região da boca. Por isso, nas épocas em que essas lesões aparecem, é importante evitar tanto beijar na boca como fazer sexo oral no parceiro.

27. E herpes genital? Dá para pegar na boca? É raro, mas pode ocorrer. O processo é parecido com o descrito na questão anterior. A transmissão ocorre quando o parceiro infectado com herpes genital recebe sexo oral. Nesse caso, quem está fazendo a carícia é que se contamina. Ou seja, é importante usar camisinha feminina para fazer sexo oral na mulher e camisinha masculina para o sexo oral no homem.

28. Herpes tem cura ou não? Infelizmente, ainda não há cura. Os sintomas vão e voltam: as bolinhas surgem, se cicatrizam espontaneamente e, após dois ou três meses, ressurgem. Ou reaparecem nos períodos de baixa resistência do organismo.

29. O que eu faço, então, se pegar essa doença? Dá para espaçar um pouco mais o surgimento das lesões e torná-las menos intensas. Há medicamentos, pomadas e vacinas com esse objetivo. Cada organismo reage de uma forma a esse tipo de tratamento. Em algumas pessoas, o resultado é excelente. Em outras, nem tanto. Procure não ter atividade sexual durante as crises de herpes, pois nessas fases a doença é extremamente contagiosa. Além disso, a ereção e a penetração são bastante dolorosas durante o aparecimento das bolinhas e das feridas na região dos genitais. Vale lembrar outra vez: usar camisinha é fundamental para a proteção de vocês dois.

30. Tenho bolinhas duras e escuras na vagina. O que é? A região em torno da vagina apresenta glândulas sebáceas e sudoríparas. Essas glândulas eliminam suas secreções através de um conduto, por onde também sai o pelo (é chamado folículo piloso). Em algumas mulheres, as alterações hormonais desencadeadas antes da menstruação facilitam a inflamação desse folículo: talvez sejam essas bolinhas duras e escuras. Procure um médico para saber ao certo. Pode ser o caso de recorrer ao auxílio de um dermatologista.

31. Ele tem cravos no pênis. É doença? Podem ser apenas cravos. A pele do pênis tem as mesmas características da pele do restante do corpo. É perfeitamente possível que ocorra uma inflamação na glândula sebácea, que é o que se chama de cravo.

32. Corrimento é doença? Nem sempre. Se não tiver cheiro e não provocar coceira ou ardor, pode ser apenas uma secreção vaginal natural. De qualquer forma, o ideal é procurar um ginecologista para verificar exatamente se há ou não necessidade de tratamento.

33. Minha vagina coça demais. O que é isso? Pode ser sinal de infecção. A mais comum é a vaginite, que nem sempre é propagada por ato sexual: pode simplesmente surgir em períodos de baixa resistência do organismo. Coceira nos genitais também pode ser sinal de contaminação por herpes. De qualquer jeito, a dica é: procure um médico ginecologista para ele avaliar qual é o seu caso e sugerir o tratamento.

34. O que é candidíase? É a infecção causada por um fungo que habita a vagina e o intestino de mulheres saudáveis. A candidíase geralmente surge quando há períodos de baixa resistência do organismo: nesses momentos, o fungo se multiplica e a doença aparece. O fungo também pode estar presente na boca e provocar feridas: é o que se chama de sapinho. Vale procurar o médico ginecologista para tratamento.

35. Pode ser de fundo nervoso? Não. O que ocorre é que o fungo se aproveita dos períodos de estresse e depressão, que baixam a resistência do organismo, para se proliferar.

36. Posso pegar algum fungo se eu dormir sem calcinha? Não. Pelo contrário: dormir sem calcinha faz bem. Ao deixar os genitais expostos, você favorece a ventilação, o que melhora as condições físicas da região pélvica.

37. Tenho candidíase de vez em quando. Se, nesses períodos, alguém fizer sexo oral em mim, pode contrair a doença? Isso é raro, mas pode ocorrer. A saliva contém enzimas que defendem a região da boca de infecções. Mas, se o parceiro estiver em um período de baixa de resistência do organismo, ele pode ser contaminado.

38. Transamos durante a menstruação e o pênis dele começou a descascar. Por quê? O mais provável é que uma infecção vaginal, como a candidíase, tenha provocado a irritação na pele do pênis. Ambos devem procurar um médico: urologista para ele, ginecologista para você. O tratamento para esse tipo de problema é simples: em geral, basta a utilização de cremes ou pomadas, prescritos por um especialista. E vale se lembrar de usar camisinha nas próximas transas.

39. A pele que recobre a cabeça do pênis ficou machucada e inchada depois da transa. Qual o motivo? É o mesmo caso da questão anterior: isso ocorre quando a mulher está com alguma irritação na região vaginal. Vale procurar um médico urologista para tratar, e passar a usar camisinha em todas as práticas sexuais.

40. Às vezes, aparece uma gosma com um cheiro ruim no meu pênis. O que é isso? Essa secreção de cheiro ruim que se forma entre o prepúcio (que é a pele que recobre a cabeça do pênis) e o sulco da glande (a cabeça do pênis) se chama esmegma. Em homens cujo prepúcio é grande demais, uma anomalia que dependendo do caso ganha o nome de fimose, esse esmegma pode se acumular embaixo da pele e provocar sérias infecções. Aí será preciso ter um cuidado especial ao tomar banho: deve-se puxar o prepúcio para trás e lavar bem ao redor da glande. Vale também procurar um médico urologista para tratar o que for preciso.

41. A cabeça do meu pênis arde quando é tocada. Por quê? Esse excesso de sensibilidade é mais comum em homens com prepúcio longo. O prepúcio acaba recobrindo a glande pela maior parte do tempo, fazendo com que, ao ser exposta, ela fique mesmo mais sensível. A solução para isso é tentar puxar a pele para trás e deixar a cabeça do pênis mais exposta. Há quem opte também por fazer a cirurgia para a retirada do prepúcio: assim a cabeça do pênis estará sempre exposta e, pelo contato diário com a roupa íntima, se tornará menos sensível.

42. Sinto uma queimação no canal da uretra, que dura um ou dois dias e me atrapalha até a transar. É algum tipo de inflamação? É o sintoma de um problema agudo ou crônico da uretra, chamado de uretrite. Pode ser causado por infecções, inflamações ou até mesmo por cálculos na urina. É importante consultar um urologista.

43. Eu me masturbei com o chuveirinho da banheira do motel e surgiram várias bolinhas na vagina. O que é isso? Indício de infecção vaginal. Procure um médico ginecologista para tratar.

44. Ele me cortou com os dentes e o ferimento não cicatriza. O que eu faço? O ferimento não está cicatrizando por alguma infecção local. O melhor é marcar uma visita a um médico ginecologista para orientá-la direitinho quanto ao tratamento. O uso de uma pomada qualquer, além de provavelmente não resolver o problema, pode até mesmo agravá-lo.

45. Ele está com um machucado no pênis que não quer sarar. O que é? Machucado geralmente é sinal de doença sexualmente transmissível. Pode até ser que ele tenha se ferido de alguma maneira e que a cicatrização esteja lenta por outros motivos, como no caso de ele ter diabetes ou outro problema que dificulte a cicatrização. De qualquer forma, como já foi falado nas questões anteriores, vale consultar um médico urologista para se certificar da existência ou não de uma doença sexualmente transmissível. E tratar!

46. Transar pode causar infecção urinária no homem? Se a relação foi prolongada ou se o casal praticou sexo em posições em que o pênis é mais fortemente comprimido, pode ter causado uma irritação na uretra. Os sintomas são bem semelhantes aos de uma infecção urinária. Se for apenas uma irritação, o problema desaparece após alguns dias.

47. E na mulher? Passei um final de semana inteiro curtindo sexo com um namorado novo e voltei com infecção urinária. Pode causar, sim. Os movimentos da penetração podem favorecer a ocorrência da infecção urinária. No passado, havia até quem chamasse isso de infecção de lua de mel.

48. Sai pus do pênis dele. O que é isso? Pode ser uma doença sexualmente transmissível ou uma infecção, como a gonorreia: quando estão infectados, os homens costumam expelir uma secreção pela uretra, como se fosse um pus, além de sentir dor ao urinar. A gonorreia pode provocar infecções na próstata e nos testículos. Se não tratada, a doença pode evoluir para lesões nas articulações, no fígado e até no cérebro. O tratamento é feito com antibióticos e outros medicamentos. É importante ele procurar um médico urologista o quanto antes para se tratar. E vocês não podem se esquecer de usar camisinha, sempre.

49. Quais são os sintomas da gonorreia na mulher? Sai uma secreção amarelada da vagina. Ela vem acompanhada de outros sintomas, como queimação ao urinar, dor pélvica e aumento da sensibilidade na região da vagina, o que faz com que a penetração passe a incomodar. É preciso procurar um médico ginecologista com urgência. Se não tratada, a gonorreia pode prejudicar a capacidade de a mulher engravidar, entre outros problemas.

50. Clamídia é a mesma coisa que gonorreia? Não. Clamídia surge com frequência acompanhada da gonorreia, o que causa a confusão, mas são doenças diferentes. Clamídia não costuma apresentar sintomas em mulheres. Por isso, é difícil diagnosticá-la. Nos homens, provoca dor ao urinar e a saída de uma secreção do pênis. Assim como a gonorreia, o tratamento é feito com antibióticos. Cuidado: essa é outra doença que pode prejudicar a capacidade de engravidar.

51. Como a gente faz para ficar sexualmente saudável com tudo isso por aí? O jeito de manter-se saudável sexualmente é, pelo menos uma vez ao ano, mulheres e homens visitarem um médico: ginecologista e urologista, respectivamente. E se prevenir com o uso de camisinha em todas as práticas sexuais: sexo oral, anal e penetração vaginal.

52. Endometriose é DST? Não. Essa doença é caracterizada pelo aparecimento de células da parte interna do útero (o endométrio) em outras regiões do corpo da mulher. Essas células são responsáveis por desencadear a menstruação, não importa onde estejam. Em mulheres com endometriose, podem surgir na parte interna da vagina, na superfície do ovário ou na membrana que recobre os órgãos abdominais. Também podem aparecer em cicatrizes de cirurgias. Isso às vezes provoca dores abdominais e o surgimento de cistos, que são restos de sangue menstrual.

53. A endometriose atrapalha o sexo de alguma forma? Os cistos da endometriose podem provocar dor durante a penetração vaginal. Porém há mulheres em que a endometriose não provoca grandes problemas. Algumas têm a doença, mas nem percebem que ela existe.

54. A camisinha deve ser colocada em que momento do sexo? No começo. No homem, assim que houver a ereção. Na mulher, o ideal é colocar antes de ir para a cama.

55. Posso usar duas camisinhas para dobrar a proteção? De jeito nenhum. Isso é um erro: o atrito de uma camisinha na outra pode danificar ambas, comprometendo assim a proteção.

56. E usar camisinha feminina e masculina ao mesmo tempo é mais seguro? Pelo contrário: é um erro. Como falamos na questão anterior, o atrito das camisinhas pode fazer com que elas se rompam facilmente, atrapalhando a proteção contra doenças sexualmente transmissíveis.

57. A camisinha precisa ser trocada no meio da transa? Em algumas situações, sim. Como após o sexo anal, caso queiram fazer penetração vaginal: senão, há o risco de o pênis transportar para a vagina algumas bactérias que habitam o ânus. Na vagina, essas bactérias podem desencadear uma infecção.

58. Posso usar camisinha para fazer sexo na banheira? Pode e deve. É um mito acreditar que o sexo embaixo d'água deixa o casal livre da transmissão de doenças. Sexo na banheira, na piscina ou em qualquer outro lugar parecido pode transmitir doenças, sim, caso seja feito sem camisinha.

59. E qual é a melhor hora para colocá-la: antes de entrar na banheira? Ou pode ser a qualquer momento? Pode ser vestida a qualquer momento, porém é mais fácil colocá-la antes de se molhar.

60. Que cuidados a mais é preciso ter para o sexo dentro d'água? Como a água tira um pouco o lubrificante da camisinha, é preciso ter mais cuidado para evitar que o preservativo se rompa na hora da penetração. Tenha várias camisinhas por perto, para trocar sempre que necessário.

61. Toda vez que transo sem camisinha, sai sangue da minha vagina. É sinal de doença? Isso pode ocorrer por falta de lubrificação adequada para a penetração vaginal, o que faz com que haja mais atrito do pênis na vagina, provocando pequenas lesões e um consequente sangramento. Mas também pode ser indício de um problema inflamatório ou infeccioso do colo do útero, da vagina ou da vulva. Vale procurar um ginecologista para examinar direitinho e tratar o que for necessário.

62. A camisinha me causa ardor na vagina. Tem alguma solução para isso? Algumas pessoas têm alergia ao látex da camisinha. Experimentar outras marcas de preservativo pode ser uma saída. Embora todos sejam feitos de látex, há variações na formulação: talvez alguma marca seja mais confortável para você. Outra opção é usar a camisinha feminina, que em geral é feita de borracha nitrílica, um material que não causa alergia como o látex do preservativo masculino.

63. Transa entre homens causa mais doenças do que sexo com a mulher? A relação anal, seja entre dois homens ou entre uma mulher e um homem, é a principal prática transmissora de doenças, especialmente o vírus da aids. Isso porque a penetração anal provoca pequenos cortes no ânus, e eles são enormes portas de entrada para vírus e bactérias.

64. Como me proteger para transar com outra mulher? Você deve usar camisinha feminina para o sexo oral. Se usarem brinquedos eróticos, é importante trocar de camisinha sempre que o brinquedo for usado em uma de vocês. Quanto à prática do atrito entre os órgãos sexuais, fica mais difícil de se proteger. Mas há uma saída, porém um pouco desconfortável, que é cobrir a região vaginal com uma camada de filme plástico, aquele que se usa na cozinha para embalar alimentos. Equilibrá-lo no lugar é que vai ser um desafio.

65. Quer dizer que se eu e ela usarmos o mesmo vibrador corremos o risco de pegar alguma doença sexualmente transmissível? Sim. O vibrador pode transportar bactérias e vírus de uma para a outra. O ideal é recobri-lo com camisinha e trocá-la a cada vez que a outra for usar o aparelho.

66. Camisinhas coloridas, com sabor e textura, são tão seguras quanto as tradicionais? Sim, elas apenas trazem ingredientes a mais para o prazer.

67. Um amigo me contou que existem diversos tamanhos de camisinha. É verdade? É, sim, mas a maioria das camisinhas disponíveis no mercado é desenvolvida para se adaptar ao tamanho médio do pênis do homem adulto em ereção, que é 14,5 centímetros de comprimento. Há camisinhas em tamanhos pequenos, feitas em geral para adolescentes, e em tamanhos grandes. O melhor é o homem experimentar várias camisinhas para ver qual se adapta mais a ele.

68. Se a camisinha se perder dentro da vagina, fazemos o quê? É só ter calma, introduzir o dedo e retirar a camisinha. Deixá-la lá para sempre é que não pode: isso pode causar infecções na mulher.

69. Como é o passo a passo da camisinha feminina? Mais simples do que se imagina: a mulher eleva uma das pernas e introduz a camisinha no fundo da vagina, com o cuidado de deixar uma borda para fora, de cerca de dois centímetros. E pronto.

70. A mulher deve vesti-la em que momento? Antes de iniciar qualquer contato sexual com os genitais.

71. Pode reaproveitar essa camisinha? Ouvi dizer que sim. Não. De jeito nenhum. Após a transa, a camisinha feminina deve ser retirada e jogada fora. Isso vale para o preservativo masculino também.

72. Como é o passo a passo da camisinha masculina? Também é simples: basta desenrolá-la até a base do pênis, com o cuidado de apertar a ponta (que é um reservatório para o esperma) para evitar que fique ar ali. E pronto.

73. Qual é a hora certa de vestir a camisinha masculina? Assim que o pênis estiver ereto.

74. E de retirar? Logo após a ejaculação. Caso contrário, o esperma pode vazar à medida que o pênis vai retornando ao estado de relaxamento.

75. Quando estamos liberados da camisinha? Na verdade, não dá para ficarmos liberados da camisinha em tempos como o que vivemos, de alta incidência de doenças sexualmente transmissíveis e, especialmente, de aids. Recomenda-se sempre o uso da camisinha, mesmo que o casal só transe entre si. Essa é, sem dúvida, a melhor maneira de se prevenir de doenças. Mas sabe-se que, na prática, grande parte das pessoas que estão num relacionamento fixo e mantém uma relação de confiança não adota esse tipo de atitude. De qualquer forma, quem decide o que fazer com o próprio corpo é você.

Um teste para fazer a dois

Conhecer o outro é fundamental para o prazer sexual de cada um. Faça o teste a seguir para checar se você conhece mesmo o seu parceiro ou a sua parceira sexual e confira o resultado! Você pode se surpreender.

Esta questão aqui é para você responder, leitor ou leitora: já parou para pensar se conhece mesmo o seu parceiro ou a sua parceira na cama? Elaborei um breve teste para você checar isso: anote quantas respostas SIM você vai dar para as questões a seguir e confira na sequência algumas possibilidades de resultado.

Você sabe...

...quais são as principais fantasias sexuais do seu parceiro (ou parceira)?

...em que ponto do corpo ele (ou ela) sente mais tesão?

...de que jeito o orgasmo dele (ou dela) é mais intenso?

...se ele (ou ela) se masturba?

...com que frequência ele (ou ela) se masturba?

...como foi a primeira experiência sexual dele (ou dela), se foi boa ou ruim?

...do que ele (ou ela) já se arrependeu de ter feito na cama?

...qual foi a melhor transa que ele (ou ela) já teve?

...se ele já perdeu a ereção alguma vez e por quê?

...se ele (ou ela) toma algum remédio com finalidades sexuais?

...qual o maior desejo sexual dele (ou dela)?

...qual o maior medo sexual dele (ou dela)?

...quantas parceiras ele (ou ela) já teve?

...qual a coisa mais ousada que ele (ou ela) já fez?

...qual a frequência que ele (ou ela) considera ideal para o sexo?

...em qual momento do dia ele (ou ela) mais gosta de transar?

...onde ele (ou ela) mais gosta de transar?

...o que ele (ou ela) mais gosta que você faça?

...se ele (ou ela) gostaria de mudar alguma coisa na maneira como fazem sexo?
...o que ele (ou ela) gostaria de incluir na rotina sexual?

RESULTADO:

- **Até 5 respostas SIM:** É preciso perguntar um pouco mais sobre a vida dele (ou dela). Nem sempre é possível perceber todas as coisas. Conversas sobre preferências sexuais são importantes entre um casal.
- **De 6 a 10 respostas SIM:** Você conhece um pouco sobre o parceiro (ou parceira), mas ainda não é suficiente. Mais alguns detalhes podem elevar o prazer dos dois. Observe um pouco mais, faça uma pergunta aqui, outra ali. Com isso, poderão aumentar o prazer.
- **De 11 a 15 respostas SIM:** Você está no caminho certo. Sabe informações básicas e até um pouco mais. Procure ter mais respostas. Elas podem dar pistas preciosas para aumentar a cumplicidade – e o tesão – de vocês.
- **De 16 a 20 respostas SIM:** Parabéns! Você está atento aos desejos e às fantasias do parceiro (ou da parceira), o que é altamente positivo para a vida a dois. Mas não se acomode. Sexo fica melhor quando o casal vive um clima de constante descoberta.

PARA FINALIZAR

O principal desafio deste livro, para mim, foi trazer informações claras, diretas e objetivas sobre algo tão amplo e complexo como é a vivência da sexualidade, tanto para os homens quanto para as mulheres.

O objetivo nunca foi esgotar o assunto, pois isso é impossível. Nem fazer uma lista de regras a serem seguidas sem pestanejar.

Pelo contrário: a ideia é apenas oferecer algumas possibilidades de resposta a questões que angustiam, preocupam e trazem imensa curiosidade às pessoas. E, com isso, favorecer a reflexão, para que cada um possa decidir qual caminho é o melhor a seguir para si mesmo. Fazer as coisas à sua maneira é um dos segredos para ser feliz na cama.

Encerro o nosso bate-papo deixando as portas abertas para novas conversas como essas. E sugiro a você, leitor ou leitora, que mantenha uma atitude constante de busca de informação. Sempre há algo novo a descobrir que pode acrescentar muito à vida de cada um de nós.

Deixo também aqui uma fala que sempre gosto de repetir na mídia, no consultório e nas ações e palestras que faço pelo Brasil. É a seguinte: para viver bem a sexualidade, é necessário respeito. A quê? Aos seus valores, às suas crenças, aos seus limites e às suas possibilidades. E respeito a tudo isso em relação a quem está ao lado.

Só assim é possível conquistar uma vida amorosa e sexual cada vez mais saudável, responsável e verdadeiramente prazerosa.

BIBLIOGRAFIA CONSULTADA

- BRENOT, P. **Elogio da masturbação**. Rio de Janeiro: Rosa dos Tempos, 1998.
- GREGERSEN, E. **Práticas sexuais: A história da sensualidade humana**. São Paulo: Roca, 1983.
- HOUAISS, A.; VILLAR, M. S. **Dicionário Houaiss da língua portuguesa**. Rio de Janeiro: Objetiva, 2009.
- MULLER, L. **Meu amigo quer saber... Tudo sobre sexo**. São Paulo: LeYa, 2015.
- MULLER, L. **Educação sexual em 8 lições**. São Paulo: Academia do Livro, 2013.
- MULLER, L. **Altos papos sobre sexo: Dos 12 aos 80 anos**. São Paulo: Globo Livros, 2009.
- OLIVEIRA, E. **Novo Atlas do corpo humano**. São Paulo: Klick Editora, 2001.

Sites:

- www.aids.gov.br
- www.lauramuller.com.br

1ª edição	Julho de 2016
papel de miolo	Pólen Soft 70g/m²
papel de capa	Cartão Supremo 250g/m²
tipografia	Metro Nova Pro Light
gráfica	Cromosete